あなたの「影響力」が武器となる101の心理テクニック

神岡 真司 著 Shinzi Kamioka

Forest
2545
Shinsyo

プロローグ

「影響力」は、人生における武器になる！

本書をお手にとってくださり、ありがとうございます。

本書は、毎年好調に版を重ねる『思い通りに人をあやつる101の心理テクニック』『面白いほど雑談が弾む101の会話テクニック』の前著2作に続く、「101シリーズ」の第3弾の位置づけとして執筆したものです。

前2作をお読みくださった読者の皆様にも新機軸バージョンとして、自信をもってご満足いただける「厳選テクニック」をご用意させていただきました。

今回、本書の主眼に置いたのは、**「影響力」**です。

あなたは、誰に対して、どんな影響力をお持ちか——を考えたことはおありでしょうか。

おそらく他人からの「影響力」について意識することはあっても、自分自身の他に及ぼす「影響力」については、これまで無頓着《むとんちゃく》だったことと思います。

「影響力」は交渉の現場で力を発揮するだけでなく、日常の暮らしの中における、さまざまな人への作用によって、あなた自身にも大きな見返りをもたらすものです。

本書で培っていただく「影響力」の上手な行使によって、大きな効果が期待できるのは次のような諸点になるでしょう。

◆自分の正直な気持ちを他人に上手に伝えられるようになる
◆自分の心と体を、他人からの理不尽な攻撃から守れるようになる
◆人間関係の対立から縁遠くなる
◆合理的な判断によって、周囲からの協力が得やすくなり、仕事の効率が上がる
◆人格が向上し、周囲から頼られ、認められる存在になる
◆男女間の感情の擦れ違いを防げる
◆邪悪な人物からコントロールされることなく、自立的な行動ができるようになる
◆「お金」「人望」「社会的評価」がついてくる人になる

いいことずくめなのです。

これが、「影響力」を武器として身につけた時に起こってくる、あなた自身の変化です。

「影響力」は相手の行動に変化を及ぼす「奇跡の力」

本書でいう「影響力」とはいったい何なのでしょうか。

あなた自身のちょっとした行動の変化によって、相手の行動に影響を及ぼす「奇跡の力」というものを指しています。

ほんのちょっとした言葉の用い方、表情や動作を見分ける力、人の習性の理解、どんな振る舞いをすれば、相手にどんな影響が及ぶのか——を把握することが「奇跡の力」を呼び起こす魔法の段取りといえるでしょう。


人にはさまざまなタイプがありますが、アクの強い個性で、他人に支配力を及ぼすことだけが、「影響力」の行使ではありません。

誰にも気づかれないうちに、徐々に相手に作用させる「影響力」もあれば、ポジティブな形やネガティブな形で、相手にジワジワ浸透させていく類《たぐい》のものもあります。

ところで、前述した通り、私たちは、日頃、自分が他人に対して、どんな「影響力」を及ぼしているか——について考えることがほとんどありません。

むしろ、他人の「影響力」を意識させられることのほうが多いでしょう。

これはおそらく、日本人が農耕民族のＤＮＡを持ち、集団行動での「和の精神」を尊重する風土から得たものが大きいからに他なりません。

自分を中心とした「個の軸」が、強く育《はぐく》まれるような欧米狩猟民族のＤＮＡとは明らかに異なるところなのです。

社会に対する「奉仕」の概念なども、日本人が考えるよりも、もっと自然にシンプルでポジティブにとらえられている――というのも、そうした下地によるものといえます。

人生を合理的、効率的に歩むためにも、もっともっと、私たちは自身の「影響力」について学ぶべきだ――と考えるのです。

「影響力」を高めることで「お金」「人望」「社会的評価」がついてくる

周囲を見渡しても、世の中全体を見渡しても、「影響力」の強い人は、「お金」と「人望」と「社会的評価」がついてくるように窺《うかが》えます。

表舞台で活躍する人だけでなく、縁の下の力持ち的な裏方役のはたらきであっても、「影響力」をうまく発揮できる人が成功を収めます。

いつのまにか、頼られる存在、なくてはならないポジションを確立してしまえば、何があっても恐れることはなくなるはずなのです。

すなわち、「影響力」**は経済力や人気、世間の評価とも直結するもの**だからです。

数多くの事例を体験的にイメージすることで「影響力」は武器として身につく

では、どうやって「影響力」を身につけるのがよいのでしょうか。

本書に紹介した数多くの事例を見ていただくことが、最も手っ取り早い方法です。

特に有効なのは、個々の事例を自分の職場や家庭、あるいはさまざまな生活シーンの中に逐一当てはめてイメージしていただくことでしょう。

「なるほど、これはうちの職場で実際によくあるシーンだぞ」ととらえた時、登場人物を自分のよく知る人に置き換えてイメージすれば、くっきり鮮明な記憶として残る効果があるからです。

どこから読んでいただいても構いませんが、本書に登場する設定を、実際の現場でのシミュレーションとすることが、「影響力の達人」になるうえでの近道なのです。

さあ、ご一緒に「影響力」の武器を身につけましょう。

神岡真司

第1章
人生を左右する「説得・交渉の原理」

第２章

相手を意のままに動かす「心理誘導トリック」

第3章
相手の心のウラを読む「マインドプロファイリング」

第4章 絶対に揺るがない自分をつくる「自己最大化メンタリズム」

第5章 他人には教えたくない！ 卓越した心理の裏ワザ

ブックデザイン……河村誠
DTP……キャップス
校正……鷗来堂

第1章
人生を左右する「説得・交渉の原理」

テクニック 001

相手の決心を覆させる

「今やめると、○○になりますよ！」

今まで、いろいろ頑張ってきたけれど……、「もうダメだ、あきらめよう！」と思う瞬間は誰にでも訪れます。

「こんな会社、もう辞めさせていただきます！」
「あなたとはもう別れるわ！　そう決めたの！」
「御社の値引き要求には、もう付き合えません。今後の取引はお断りさせていただきます」

こんな言葉を突きつけられたら誰だって慌てるでしょう。まさかの事態だからです。

あなた「いや、ちょ、ちょっと待ってよ。あの……冷静に考えてから、ね……（汗）」
相　手「いいえ、結構です。もう決心しましたから。今までお世話になりました！」

たいていこういう形で終わります。それは相手の中で、すでに考え抜かれた結論だったからです。つまり、相手は単にこの瞬間を待っていただけだったのです。

相手の決意は固いわけですが、この場合の打開策は、**「新しい認知」の注入**が有効です。その決断がどれだけマイナスで、決断を撤回すればどれだけプラスかを、相手の従来の思考ベースとはまったく異なる、別の角度からの新しいイメージで喚起させるのです。

「えっ？　きみは、まもなく昇進するというのに。それでも今会社を辞めちゃうのかい？」

「別れるの？　仕方がない。ぼくは、きみも知ってる○○さんと付き合うことにするよ」

「取引中止？　わかりました。じゃ、うちにある御社の在庫を全部引き上げてください」

人は目先の利益獲得の欲求に弱く、目先の損失確定はできるだけ先延ばししたい――という衝動が働きます（プロスペクト理論）。「**今やめるとこんなに損する。しかし、続けるときっとよいことが訪れる**」という甘いささやきに弱く、ますます泥沼にはまるわけです。

テクニック
002

議論で負けそうな時に主導権を握り返す

「その経験は？」「その根拠は？」

議論で形勢が不利になった時、主導権を取り戻して相手に切り込んでいく際にとても便利なセリフがあるので覚えておきましょう。

相手の「**経験値**」を尋ね、「**根拠**」を質《ただ》すという、たったそれだけのことで相手の機先を制することができるのです。

父親「せっかく入った会社を辞めて起業するって？　失敗するに決まってるだろ！」
息子「父さんは、起業して失敗した経験は？」
父親「あるわけないだろ。父さんはお前のためを思っていってるんだぞ！」
息子「必ず失敗するっていう根拠は？」
父親「う……そ、そんなもん、ないけど、大体みんな失敗してる……そういうもんだ……(汗)」

※　※　※

役員A「うちも正社員を減らし、派遣社員や契約社員の導入で人件費を下げるべきですよ」
役員B「しかし、それでは従業員のモチベーションが確実に下がりますよ」
役員A「そんなことはないでしょう。世間じゃもう、雇用者の38％が非正規雇用です」
役員B「実際、モラル低下の問題も起こっていますよね。飲食店のバイトテロとか」
役員A「だけどね、われわれ葬祭業界の今後は、もはや家族的経営では生き残れないよ」
役員B「クレームがふえて、ネットに悪評が拡散したら、どうします？」
役員A「それは、従業員教育の問題であって、コスト削減の問題と関係ないでしょう」
役員B「Aさんは、従業員教育のご経験は？」
役員A「ないですよ。だけど、それは管掌が違うから当たり前でしょう」
役員B「じゃあ、従業員教育でモラル低下は防げる、というAさんの根拠はなんですか？」
役員A「や……、こ、根拠っていわれても、それは……あの……いちがいには……（汗）」

議論の対象を、卑近な個人の経験値の問題にすり替え、具体的な根拠を求める形にして矮小《わいしょう》化を図ると、肝心の問題点がはぐらかされるわけです。

テクニック
003

「説得する側」から「説得される側」に回る①

「やっぱやめよう！」

「説得する側」と「説得される側」の立場では、「説得される側」が強いものです。

交渉でイエスの返事をもらいたい「説得する側」に対して、「説得される側」は、イエス・ノーのいずれのカードも切れるからです。人を説得する際、いつも「説得する側」に立つことしか頭にないと、相手から値踏みされ説得率が低下します。説得率を高めたければ、いつでも柔軟に「説得される側」に回れる、「余裕ある態度」の見せ方が大事なのです。

男性「きみって可愛いね。ね、メールアドレス教えてよ。で、今度一緒に渋谷に行こう」
女性「え？　あなたって、はじめて会ったばかりで、もうデートに誘うの？」
男性「そんなのふつうじゃん。ね、今度の土曜日はどう？　いい店案内するから」
女性「でも、今日はね……、とりあえずアドレスだけ。はい、これ！」
男性「サンキュー。きみ、もったいつけるタイプだな。嫌われてない？　友達からとか」

女性「なによ。どういう意味？　アタシ友達多いほうだし、付き合い長い子ばかりよ」
男性「そっかー、無駄に可愛いってタイプなんだな、きみは。それじゃ、もったいないね」
女性「は？　無駄に？　どゆこと？　アタシのことバカにしてるの？」
男性「バカにはしてないけど、リスペクトまでは、もうちょっとコミュ力が足りない感じ」
女性「はあー？」
男性「きみ、渋谷に連れてってとか、素直に男にいったことないんじゃない？　いえる？」
女性「それぐらい、いえるでしょ、連れてってぐらいは……」
男性「うーん、やっぱやめようかな。きみを渋谷に連れて行くのは……。違うみたいだし」
女性「えっ？　何が？」
男性「ウソウソ、冗談だよ、もちろん絶対連れて行ってあげるから、楽しみにしててね！」
女性「う、うん………（汗）」

「ほめて・けなして・ほめて」で感情を揺さぶられると、人は相手への依存心を強めます。嫌われる寸前の「余裕ある態度」で動揺を誘い、「説得される側」に回る糸口を作ります。

テクニック
004

「説得する側」から「説得される側」に回る②

「どうしようかな」

前項で見た通り、「説得する側」は「説得される側」に対して、食いついてはいけません。「説得する側」の弱みを見せると、「説得される側」を強気にさせるからです。

「ほめて・けなして・ほめて」で、こちらの真意がわからないよう相手を翻弄《ほんろう》し、「余裕ある態度」で「連れて行ってやろうか？」ぐらいの優越的な立場獲得を目指すべきなのです。

こうすることで対等の関係を形作れ、かえって誘導しやすくなるからです。

お客「このマネキンのコーディネイトいいね。服とパンツとベルトに帽子も合ってるし」

店員「ありがとうございます。これ、私がコーディネイトさせていただきました」

お客「へーさすが、センスいいねえ。あれ？　でもちょっと値段が高いなあ……」

店員「ええっと、お客様のご予算はいかほどで？」

お客「これの合計金額の半分ぐらいかな。ねえ、思い切って半額にしてよ！」

店員「お客様。これは本日入荷した新作ですから、それは無理ですよ」
お客「でも、お店全体では、今日から半額セールやってるじゃん！」
店員「あの、それは旧作に限りますから。お客様は、ポイントカードをお持ちですか？」
お客「もちろん、持ってますよ」
店員「では、どうでしょう。こちらのセット全品で、10ポイントお付けしますよ」
お客「えーっ？　たったの10ポイント？　せめて30ポイントは付けてくれないとね」
店員「うーん、それは厳しい。あの……じゃ、15ポイントお付けするのではどうですか？」
お客「えー？　15ポイント？　どうしようかな……。でも、いまいち心に響かないしな…」
店員「お客様。じゃ、特別に20ポイントでどうです？　ね、それでお願いしますよ、ね？」
お客「ほう、20ポイント！　じゃ、せっかくだから買ってあげましょう！」
店員「お客様、ありがとうございます」

値引きを「説得する側」のお客が、食いつきのよくない「余裕ある態度」だったため、「説得される側」の店員のほうが食いついてしまい、攻守が逆転してしまった事例です。

テクニック
005

一番売りたい商品を売れるようにする

「これがいいかも！」

不動産屋は、お客から希望の条件を聞き、物件を紹介する際に、初回には2つか3つしか推奨物件を見せてくれません。現地案内に赴く場合でもせいぜい2つか3つです。

最初に見劣りする物件や、見栄えはよくても高額の物件を見せ、一番最後にイチオシの最も希望に適った物件を見せて契約に持ち込むのが、常道パターンになっているのです。

デパートでネクタイや宝石を選ぶ場合でも同じでしょう。お客がアレコレ迷わないように、ショーケースの上に取り出して見せてくれるのは、せいぜい2つか3つなのです。

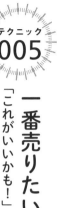

これらは昔から、経験則から導き出された接客販売でのお約束になっているようです。

目の前に選択肢が沢山あると、人は迷って選べなくなる——という実験結果があります。

NHK白熱教室でも紹介されたコロンビア大学のシーナ・アイエンガー教授が、スーパーのジャムの試食コーナーに6種類と24種類のジャムを並べた際、6種類の時には売り上げが24種類の時よりも、6倍あった――というのがありました。

お客に商品を選択させる場合、2つか3つに絞るのは、比較が容易になるからです。寿司屋で、松・竹・梅のコースがあれば、真ん中の竹が一番多く注文が入ります。人は中庸を好むからです。価格面で真ん中なら内容も無難と考え、竹を選びます。売りたい商品には、その商品の上下にも比較できる価格帯を設けるとよいわけです。

また、**人が商品の価値を推し測る際には、価格が高いものほど希少性が高い――という理由づけを無意識にしている**ことも知られています。

ある宝石店で主人が店を留守にする際、従業員に売れ残り商品に安い値札を付けるよう指示したのに、従業員が間違えて高い値札を付けてしまったところ、実は売れずに困っていた商品が、観光客に根こそぎ売れてしまった――という事例もあるほどです。

商品が他と比べて安く、「オトク」だと感じれば人は商品を買いたくなりますが、高くても、そこに希少価値がある――と錯覚した場合にも、人は商品を買ってしまうのです。

テクニック006

追加での「わがまま」を押し通す

「この取引はやっぱり無理かな」

交渉は時間が長びくほど、両者を束縛します。何とか契約を成立させたいという思いが強まるからです。交渉成立まで、「あと一息」になると、両者の気持ちも逸《はや》ります。

先方「では、売買価格は積算事例から、Aが1260万円、Bが820万円で合計2080万円に、消費税8％を乗せて2246万4000円ということになりますね」

当方「やっぱ、消費税8％が厳しいなあ。AとBの価格ですけど、Aを1200万、Bを800万ちょうどと、キリのいい価格にしてもらえませんか？」

先方「それ、2回目の交渉の時、さんざん議論しましたよね？　これは動かせないって」

当方「ですが、その後の交渉過程で、中古の市場価格での査定も弱含みになりましたよ」

先方「それは、いいっこナシでしょ、今はもう消費税8％だし、2017年4月からは消費税も10％になりますよ。だったら5％の時に購入されればよかったんですよ」

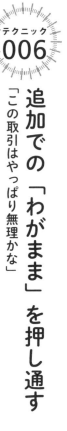

当方「1200万と800万だとちょうど2000万だから消費税5％の時なら、2100万円で手に入る計算ですからねえ、恨めしいなあ……」
先方「以前の議論を蒸し返さないでくださいよ。今はもう消費税8％なんですから」
当方「じゃあ、こうしてくれませんか。合計2246万4000円の端数を切り捨てて、ズバリ、税込2200万円ということなら、うちも決断しますよ」
先方「いや、それも無理です。特別サービスしても税込で2240万円がギリギリです」
当方「ふー、やはり税込で2200万円でないと厳しいな。この取引は無理かな……」
先方「えっ？　2200万円ちょうどじゃないと契約しないというんですか？」
当方「ええ、残念ながら…。うちもこれが限界なんで……ここまできてすみませんけど……」
先方「ええっ？（汗）……ちょ、ちょっと待ってよ。うーん、わ、わかりましたよ（汗）」

交渉が長引くと、これまでに費やした膨大な時間と労力というコストに思いが至ります。こうした**サンクコスト**（埋没費用）が一気に失われることを恐れるようになるのです。嫌われるのを承知の上でイチかバチかの卓袱台《ちゃぶだい》返しが、うまくいくこともあるわけです。

テクニック
007
相手の要求水準を下げさせる
「この価格でいかがでしょうか？」

欧米式の「交渉マニュアル」には、次のような「交渉の要諦《ようてい》」が記されています。

①自分に不利な情報を相手に与えない。
②条件はこちらから一定の条件を提示して、そこからのやり取りで譲歩する形を取る。
③キーマン（決定権者）と交渉する。
④ホームグラウンドで交渉し、アウェイの場で交渉しない。
⑤交渉に時間制限を設けない（期限があっても相手に教えない）。
⑥「勝つこと」よりも「負けないこと」を重視する（ウィンウィンの関係を目指す）。

もちろん、相手もあることなので、すべてがこの通りに運ぶとは限りません。

しかし、この中でも、特に重要な役割を果たすのは②でしょう。

交渉の主導権を握るには、まずこちら側から条件を振ることが要《かなめ》になるからです。

当方「この1300万円の中古ワンルームマンションですが、表面利回り5・6％は低すぎですね。せめて利回り7％になる1040万円まで下げてくれたら買いますよ」

業者「それは無理ですね。まだ築20年で、人気の吉祥寺《きちじょうじ》駅徒歩3分の物件ですよ」

当方「しかし、この物件、もう10か月も塩漬けですよね。私はキャッシュ購入ですよ」

業者「売り主さんが急いでないとおっしゃるので仕方ないんですよね……」

当方「手数料が入らないと困るでしょ。なら1100万円で交渉してみてくださいよ」

業者「今、交渉してみましたら、1170万円なら売ってもよいというお返事です」

当方「利回り6・22％ですね。わかりました、それなら買いましょう」

最初に提示した金額がアンカー（船の錨《いかり》）となり、その範囲での交渉になっていきます。

交渉をまとめるには、かけ離れた位置のアンカーでは相手も乗ってくれません。

適度な条件づけで相手にも譲歩させ、こちらも譲歩するわけです（アンカリング効果）。

テクニック
008

少数意見を多数意見へ導く
「私の経験によれば」

会議の方向性が無難なものになるか、過激なものになるかは、議長役のリーダーシップの巧拙や、出席者の集団的意識がその時どう形成されていくか——によって決まります。

A「われわれ組合側の要求にも、経営者側はそれなりの理解を示してくれたと思うよ」
B「そうだね。賃上げだけ確保できれば、今回はベースアップは見送りでも仕方ないよ」

このように全体が、現状維持ムードに流れることをコーシャスシフトといいます。

A「断固としてベアは獲得すべきだ。不退転の決意を示すべくスト貫徹が望ましい！」
B「そうだ！　消費税も上がり、実質賃金が下がっていることを考えればスト決行だ」

このように全体が、勇ましく過激な方向に走るのをリスキーシフトといいます。

集団になると、個別の意思が希薄化され、とりわけ惰性に流れたり攻撃的になったりしがちなのです。これを集団化による特徴的心理現象として、「**集団極性化**」と呼びます。

ところで、このように集団で多数意見が形成された時でも、この傾向を少数者の意見でひっくり返すことが可能です。これを**マイノリティ・インフルエンス**といいます。

ひとつには、過去に集団に貢献した実績のある人が、一言意見を述べるとよいのです。

元組合委員長「みんな聞いてくれ。ここは少額でも、やはりベア獲得は重要だと思うよ」
元組合委員長「みんな聞いてくれ。ここは他社と同様、やはりベアはあきらめるべきだよ」

この一言で賛同者が生まれていくことを「**ホランダーの方略**」と呼んでいます。

もうひとつは、何の実績もない人でも一貫してブレずに、正論と思う論理を主張し続ける方法です。「**今回ベアを要求すると利益が圧縮され、株価が下がります**」「**今回ベアを要求しても利益に影響はありません**」。こちらは、「**モスコビッチの方略**」と呼ばれています。

テクニック 009

無知な相手を丸め込む

「ご存じの通り」

売り手と買い手の取引においては、「**情報の非対称性**」という問題がつきまといます。売り手には専門的知識が沢山あっても、買い手にはそれほどない場合が多いでしょう。

個々の商品には「強み」もあれば「弱み」もあるわけですが、一般的には、売り手が買い手にアピールする際、買い手に知識がない場合は商品のデメリットは伝えないほうがよい――とされています。

知識のない人に、いちいち商品の弱点を伝えると、デメリットを多く感じて買わなくなってしまうからです。

これを「**片面呈示**」といいますが、買い手に知識や情報が多い場合には、「片面呈示」ではかえって売れなくなるとされています。この場合、それなりにメリットとデメリットの両方を伝える「**両面呈示**」でないと、売り手の信用度が低くなるからです。

しかし、多くの買い手は、メリットだけでなくデメリットもきちんと伝えてほしいと思っています。無知なお客でも、自分でプラスとマイナスを勘案してから、自分の総合的な判断力を発揮したいと思っているからです。ここに売り手の悩みが生じます。

どこまでマイナス情報を伝えたほうがよいか——という問題になるからです。うかつなことをいって、買い手に不安を感じさせると売れなくなってしまいます。ほどほどが大事なのですが、そのほどほどのラインがわからないので困るのです。

そんな時に、うまく買い手を丸め込むのによいセリフが「ご存じの通り」です。

「ご存じの通り、こういう弱点はありますが、気にする人は誰もいませんよね」

「ご存じの通り」といわれると、知らなくても「知りません」とはいいにくいものです。「ご存じの通り」ということで、情報の共有をしているので、ウソはついていないという偽装ができるのです。都合よく相手を丸め込む時に、効果的なレトリックになるわけです。

テクニック
010

不利な条件でも相手に呑ませてしまう①
「どっちがいい？」

不利な条件でも、相手に呑ませてしまう説得テクニックは、いろいろあります。

本書ではひと通り紹介しますが、まずここでは、条件をたった2つに絞り込んで相手に提示する方法を見ておきます。

不意打ちで「どっち？」と、二者択一式の質問をされると、ついどちらかを選んでしまうという、人の習性を利用した「**誤前提暗示**」という方法です。

上司「山田くん。希望を聞いておくけど、子会社に出向と転籍だったらどっちを選ぶ？」
部下「え、そんな話があるんですか……(汗)、あの……いちおう出向のほうが……」

※　※　※

お客「この服すごくいいなあと思うんだけども……、うーん、ちょっと高いなあ……」
店員「お客様は、お支払いは現金になさいますか、それともクレジットですか？」

お客「クレジットだけど……」
店員「それはよかったですねえ。今クレジットでも現金と同じポイントがつくんですよ」

※　※　※

男性「今晩メシ行くとしたら、和食とイタリアンどっちがいい？」
女性「えっ？　あの……、うーん、イタリアンかな……」

不意打ちで尋ねられると、両方とも断われるはずが、どちらかを選んでしまいます。
両方とも、自分に不利な条件が含まれている誤った前提なのに、嵌《は》められるわけです。

テクニック 011

不利な条件でも相手に呑ませてしまう②

「あなたの味方です」

古代ギリシャの哲学者アリストテレスは、説得の要諦として「ロゴス・パトス・エートス」の3つを挙げました。

ロゴスは論理構成、パトスは聞き手の感情、エートスは話し手の信用度にあたります。

この3つの要素が重なると、人を説得する時に大きな力になる——と説いたのです。

証券マン「ラップ口座といえば、預け入れ資産は億円単位がふつうでした。それが最近では、300万円からでもプロのファンドマネジャーに託せるんです。投信を素人が選ぶのは大変ですし、退職金の長期運用ならこれが安心でしょ？」

お　客「なるほどプロに託すなら心強い。売買手数料もなくてトクだね。これにします！」

300万円の預け入れでも、年合計2・8％の手数料なら、10年で84万円損します。

ＦＰ「私は中立の立場のファイナンシャルプランナーです。お客様が加入の生命保険は見直すべきですよ。老後の資産形成に役立つのは、こちらの終身保険のほうですね」
お客「なるほど、一生涯の保障が付いて安心だし、貯蓄もできて定期預金よりオトクだね」

保険料割高のうえに途中解約で大損し、利率も微々たるものでインフレで毀損《きそん》します。

依頼人「先生はうちの息子の痴漢事件は冤罪《えんざい》で無罪だと……。でも形勢は不利ですよね？」
弁護士「私の弁護方針に文句があるなら、解任してくれて構いませんよ」
依頼人「じゃ、着手金の１００万円返してください。刑事事件で１００万は高いでしょ！」
弁護士「着手金は返せません。ヤル気がないみたいなこといわれて、やってられませんね」

詐欺師でなくても、堂々と「〇〇の専門家」「国家資格者」といった立場を名乗る人を、「エートス（話し手の信用度）の罠《わな》」にはまって信用すると、大損させられるわけです。

テクニック
012

不利な条件でも相手に呑ませてしまう③
「これはオトク！」

人は、無意識のうちに他人にコントロールされてしまうことがよくあります。とりわけ、引っかかりやすいのが、**「ロー・ボール・テクニック」**です。人は受け取りやすいボールを投げられると、「これはオトク！」と、つい受け取ってしまうからです。

電動歯ブラシの格安製品を買って喜んでいたら、「交換用ブラシ」がヤケに高かった。格安プリンターを買ったら、「交換用インク」が意外に高かったなどの例があります。

これらは、本体価格の安さでお客を誘引し、消耗品が高くても「ま、いっか」と消費者に思わせる欺瞞《ぎまん》的商法です。羊頭狗肉《ようとうくにく》の策でメーカーは端《はな》からお客を舐めているわけです。

不動産屋で**「これは今日から募集開始の格安の優良賃貸です。日当たりもよく、立地も抜群なので、早く決めないと他の人に持っていかれますよ」**といわれて急いで契約すると、雨天時の屋根の雨音が異常にうるさい物件だった――などということもあるでしょう。クレームをつけると、「まあ、賃料が賃料ですからねえ」などと軽くいなされます。入居者も、雨の日以外は日当たりも立地もよければ、「まあ、いいか」となるわけです。

駅前で**「生ビール1杯100円」**の割引券を手渡されて、「これはオトク！」と、その居酒屋へ赴くと、他のメニューが妙に高いものばかりだった――ということもあるでしょう。料理が少々高くても、それなりに美味しいと、「まあ、いいか」となるでしょう。

職場でも「ロー・ボール・テクニック」でコントロールされている人はよく見かけます。上司から**「30分だけ、残業していってくれない？」**と頼まれ、二つ返事で引き受けると、30分どころか1時間はかかる仕事量だった――というケースです。

人は、受け入れやすい条件を提示され、いったん受け入れを表明すると、そのあとが少々難儀でも一貫した行動を取りがちなのです。この習性を**「一貫性の原理」**と呼んでいます。

テクニック 013

不利な条件でも相手に呑ませてしまう④

「もう結構ですから!」

別れたカップルの一方が、ストーカーになって元カノや元カレに復讐《ふくしゅう》する話はよくあります。話し合いで合意し、両者は別れたはずなのに、片方が心底納得していないと、未練を残し、プライドを傷つけられたという思いになって、相手を攻撃することで心の闇《やみ》を晴らそうとするわけです。しかし、いったん心の闇ができると闇は深くなるばかりです。

ゆえに、カップル解消の際は、別れたいと思う側にこそ、細心の注意が必要なのです。

ふつうの結婚詐欺師は、見た目・性格・社会的属性（地位）などを「理想の人物」に偽装し、狙《ねら》った異性に「結婚」をエサに近づき、仲良くなって巧みに金品を取り込みます。

そして一定の収穫を得た段階で突然消えて姿をくらませます。残されたほうは、まさか騙されたとは思っておらず、茫然《ぼうぜん》自失となったうえで未練から相手を捜そうとします。

必死に相手を捜しているところで、警察から犯人照会の連絡が来て、自分が騙されてい

《よい別れ方》
アンタみたいなロクデナシはもう結構！
貸したお金も返さなくていいからお願いだから別れて！
あーそー
てへへ…
※「愛想尽かし」のワザで万全！

《ダメな別れ方》
他に好きなコが出来たんで別れてくれよ
どゆこと！
※フラれた相手がストーカーに！

たことに気づいた――といったケースが多いのです。相手に未練を残すのは危険でしょう。

ところで、賢い結婚詐欺師は、結婚をエサに近づき、本当に結婚してしまうので詐欺にはなりません。結婚して金品を奪ったらロクデナシの人物を演じ、相手から愛想を尽かされるように仕向け、離婚を承諾させるのです。こうすれば完全犯罪になるわけです。

これに倣《なら》えば、**相手と別れたい時には徹底的に嫌われてから別れるのがベスト**でしょう。

賢い結婚詐欺師は、戸籍の本籍地を移して婚姻歴を消します。これで未婚で理想的な人物を演じていくわけです。最後にロクデナシを演じ、相手に嫌われることで身を守ります。

テクニック014

不利な条件でも相手に呑ませてしまう⑤

「そこなんです！」

人は、お願い事をされても、期待に添えないと思えば、断わろうとするのがふつうです。謙虚で真面目《まじめ》な人ほどそうなります。

時間的制約や物理的条件などが合わなければ、依頼内容に対し十分なパフォーマンスが発揮できませんから、断わるのはむしろ当然のことでもあるでしょう。

しかし、そんな人であればこそ、何とか拝み倒してでも、お願い事を聞いてもらいたい――というケースも少なくないのです。

才能あふれる人は、引く手あまただからです。

勧誘者「ぜひとも、うちの研究顧問になっていただきたいのです」

学　者「無理ですよ。あちこちで顧問を頼まれ、週のスケジュールはいっぱいなんです」

勧誘者「そこなんです！　だからこそお願いしたいんです。ヒマな学者では困ります」

学　者「どうしてヒマな学者じゃ困るんです？　じっくり仕事をしてくれるでしょうに」
勧誘者「うちが求めるのは、最新で最先端の知見をお持ちの方じゃないと困るんですよ」
学　者「忙しすぎてロクな助言もできませんよ。それじゃ、お役に立てないでしょう」
勧誘者「そこなんです。だからこそいいんです！　ロクな助言でなくて結構なんです」
学　者「ええっ？　そんなんでいいんですか？」
勧誘者「ぶっちゃけいいますと、先生のお名前があれば、予算も取りやすいんですよ」
学　者「へーっ、そーゆーこと？　いいんですか、そんなんで？　ホントに？」

相手が、断わる理由を挙げてきたら、それを片っ端から肯定すればよいのです。「そこなんです！」「だからいいんですよ！」などといわれると、相手は「何で？」と認知に不協和を生じるでしょう。それに対して肯定的なもっともらしい理由を挙げると、相手は「なるほどそういう考えもあるのか……」と新しい認知に協和します。
そんなことで喜んでくれるのかと思い、大した負担でもないのなら——とばかりに現実路線で考えるでしょう。認知の不協和も解消できるので、ついつい受諾してしまうのです。

テクニック015

不利な条件でも相手に呑ませてしまう⑥

「ちょっといい？」

人には「善意性」が備わっていますから、困っている人がいたら、助けてあげなければ——と思うのがふつうです。

そのうえ、それが「ちょっと」のことなら、なおさら助けてあげなければと思います。

※両手に荷物を抱えた人が、ドアを開けようとしていればドアを開けてあげます。
※職場の女子が、ゴキブリに騒いでいれば、新聞紙をまるめて撃退してあげます。
※上司が二日酔いで冴《さ》えない顔だったら、そっと自分のソルマックを差し出します。

これぐらいのことは協力してあげないと、人間失格とばかりに善意を見せるのです。

相手が職場の人なら下心もはたらくので、なおさら親切に振る舞うのです。

ゆえに、人から協力を仰ぎたい時には、人のこの習性を利用するとよいのです。
もちろん、「ちょっといい？」とあっけらかんと、しれっとした態度で声かけします。

同僚A「ねえ、ちょっとだけ、手伝ってくれないかな？」
同僚B「うん？　いいよ、どうした？」
同僚A「これ３００通分の案内状なんだけど、三つ折りするの手伝ってくれない？」
同僚B「おお、いいよ、それぐらい。三つ折りだな」
同僚A「でさあ、終わったら、この封筒に入れてほしいんだよ」
同僚B「おお、いいよ、それぐらいは……」
同僚A「で、悪いけど、ついでに封筒の糊付けまでお願いしたいんだけど……」
同僚B「えっ？　結局全部かよ。ま、いいけどさ……」

いったん、「ちょっと」という極小依頼にＯＫすると、人は行動を一貫させたい心理から、途中でノーとはいえなくなります。ついつい追加のお願いにも付き合わされるわけです。

テクニック016

不利な条件でも相手に呑ませてしまう⑦

「困ったなあ（ガックリ）」

人からモノを頼まれると断われない人がいます。断わると相手に悪い——という優しい気持ちの人に見えますが、本当は自分への評価が悪くなるのでは——という恐れの心理が強い人なのです。こういう人にモノを頼むのはカンタンです。

断わると気まずい関係になるイメージを作ればよいだけだからです。

いっぽうで、キッパリ断わることを躊躇《ちゅうちょ》しない人もいます。人と人とは、フィフティ・フィフティの関係ゆえに、依頼には峻別《しゅんべつ》して付き合うことが大事——と考えている人です。

論理的な人ですが、こういう人でも、「罪悪感」を刺激すれば意外に脆《もろ》いのです。

同僚A「頼む、来月の給料で返すから10万円貸してくれないか？」

同僚B「ええっ？　無理だよ、そんな大金持ってないもん。サラ金で借りたら？」

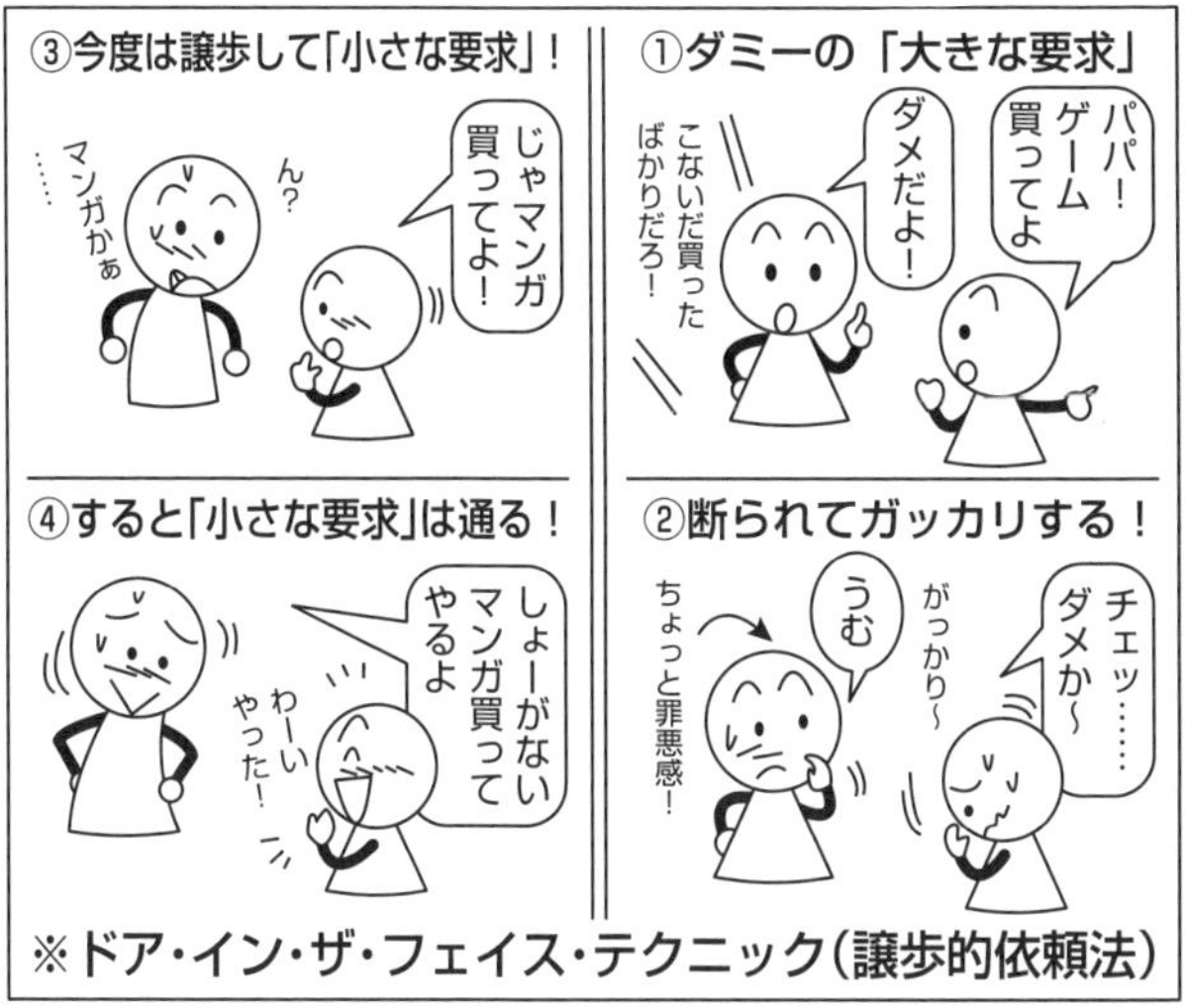

同僚A「オレ、サラ金はちょっと、もう借りられないんだ……困ったなあ……（ガックリ）」
同僚B「えっ？　サラ金からも借りられない状況なの？　そりゃ、ひどいなあ……」
同僚A「頼む、絶対返すから、せめて1万円だけでも貸してくれないか？」
同僚B「そういう事情じゃ仕方がないな。1万円なら貸してあげるよ。絶対返せよ」

最初にわざと大きな要求をして断られ、ガックリすると相手の罪悪感が刺激されます。次に譲歩して小さな要求に変え、それぐらいならと相手に受け入れさせてしまうのです。

テクニック017

一瞬にして説得する①

「その意見いいね、すごくいいよ！」

会議で少数派の意見を、全体の合意案として通すためには、事前の根回しが欠かせません。根回しさえあれば、少数派でも会議で主導権を握れるからです。

米国の心理学者スティンザーは、会議などの小集団活動の生態を研究し、**「スティンザーの3原則」**を示しました。

①会議では、以前議論を戦わせた相手がいる場合、その人の正面に座ることが多い。
②ある発言についての、次の発言者は反対意見になることが多い。
③議長のリーダーシップが強ければ、参加者は隣の人と話し、弱いと正面同士で話す。

この法則に従えば、ある意見の提案者は、自分の正面の席には仲間に座ってもらい、自分の発言のあとに続けてすぐに、「その意見はいいね。私は賛成だ」と同調してもらうことが有効でしょう。さらにその意見のすぐあとにも「私も賛成」「ぼくもいいと思う」など2、3人の仲間に賛同を表明させればよいわけです。

こうすれば、会議の場での反対意見が出にくくなるからです。

賛成意見が続けて出されると、**「バンドワゴン効果」**もはたらきます。

バンドワゴンとは、楽隊を先導する車両のことで、音楽を鳴らしながら隊列を率いていく役割から、「時流に乗る・多勢に与《くみ》する・勝ち馬に乗る」といった心理効果をもたらすことを意味します。人は時の流行に乗りやすく、大勢の意向に従いやすく、投票行動では自分の票を死票にしたくないので勝てそうな候補者に投票します。

会議で出されたある意見に、すぐに賛同者が続くと、たとえ疑問がある人でも反対表明することなく、たちまちその意見に乗っかってしまいがちなのです。

ほんの少数の仲間しかいなくても、上手に連携すれば、少数意見を多数派意見へと形成していくことも可能になるわけです。

売れ筋商品のランキングを示したり、書籍の帯に「10万部突破!」と記すのも、売れているもの、人気のあるものに人々が便乗しやすい「バンドワゴン効果」を狙っています。

テクニック 018

一瞬にして説得する②

「ガチャポンで頼むよ！」

人を説得する時には、論理的な説明も大事ですが、感情を一気に揺さぶることが効果的な場合もあります。

同僚A「今日の合コンはすごいぜ。ビンビンの美女ばかりだって。ワクワクするだろ？」
同僚B「えっ？　そうだったのか。ビンビンか。よし、オレも行く！」

※　※　※

男　性「今夜はもう遅いから、サクサクッとオレの部屋に泊まっていけよ」
女　性「う……うん。じゃ、そうする」

※　※　※

発表者「本日のプレゼンは、ビビビッと皆さんに響きましたか？　どうでしょ？」
出席者「うん、ビビビッときたね。いーんじゃないの」

店　員「お客さん、プリップリの若い娘が大サービスするからちょっと寄ってってってよ！」
お　客「ほーっ、プリップリか……、いいねいいねえ、ちょっと寄るわ！」

※　　※　　※

新　人「新人でビビりなので、ドキドキしています。よろしくお願いいたします（汗）」
相　手「あ、そう。新人だったの、きみ、真面目そうでいいね。まあ、緊張しないでね」

※　　※　　※

部　下「部長、今日はもう、パーッと飲みに行きましょうよ。パーッと！」
上　司「うむ、そうだな、気分を変えてパーッと行くか、パーッと！」

日本語はとりわけオノマトペ（擬声語）の多い言語だといわれます。

オノマトペは手っ取り早く、感情にはたらきかけるので便利な言葉です。

しかも、自由奔放に新作が作れます。カンタンにして大意が伝わるのですから不思議な効果が見込めます。「ガチャポンでお願い！」といえば、話がご破算になったりします。

テクニック
019

一瞬にして説得する③
「えっ、それって同じだね！」

初めての出会いには、緊張感が漂います。

お互いのことをよく知らないので当然です。

しかし、一気に打ち解ける瞬間というのがあるでしょう。

相手と自分が同郷だったり、出身学校が一緒だったりすると、急に親しみを覚えます。

心理学でいう**「共通項・類似性の法則」**という現象がはたらく場面だからです。


自己紹介であえて「出身地」を名乗ったり、自分の趣味を語ったりするのは、そういう効果を期待しています。

「私も、北海道出身ですよ、おたくは北海道のどちらですか？」などと、北海道という大きな括《くく》りでも、共通項が出来てしまいます。

好きな食べ物、好きなテレビ番組、好きなタレント、贔屓《ひいき》のプロ野球チーム、家族構成、職業、経歴、兄弟の構成……と何でもよいわけです。

ネガティブな共通項でも構いません。

酒が飲めない、タバコの煙が苦手、カラオケが嫌い、頭が禿《は》げている、中途採用……などのネガティブコンテンツでも、ちょっとした連帯意識が育《はぐく》めます。

「似た者同士」ということで、すぐにも結びつけてしまう効果が高いのです。

初対面の相手のことを事前に調べておけば、こうした効果を自然に演出することも可能でしょう。ＳＮＳでちょっと当たっておくだけでも、意外な情報が拾えたりするからです。

当方「はじめまして。前田と申します。鈴木さんは甲子園に出場経験がありますよね？」
先方「えっ？　私のことをご存じで？　いやあ、嬉《うれ》しいなあ、ＰＳ学園出身なんですよ」
当方「私も大阪出身で高校は野球部で同じなんです。鈴木さんの活躍はよく存じてます」

「熟知性の原理」もはたらいて、自分に興味を抱いてくれる人には好意も芽生えます。

テクニック020

一瞬にして説得する④

「実は○○で……」

心理学では、自分しか知らない情報、自分だけの「秘密」を打ち明けることを「自己開示」と呼んでいます。誰かから、「実はぼく……」「ここだけの話なんだけどね……」などと切り出されると思わず身を乗り出し、続きを聴きたくなるでしょう。

そして、打ち明けられた話の内容が、自分にも関わる非常に重要なものだったり、驚くべき出来事だとしたら一気に決断してしまうのです。

偽息子「父さん、実は会社の金を使い込んでFX取引で大失敗したんだ。このままだとクビになるし横領罪だから急いで300万貸してよ。友達に取りに行かせるから！」

父　親「なんてことやらかしてんだお前。よし、わかった300万円だな。用意する！」

※　※　※

同僚A「インサイダー情報だから絶対秘密だよ。うちの○×製品は欠陥が見つかったのでリコール回収するみたいだぜ。今のうちに株は売っておいたほうがいいと思う」

同僚B「そうかありがとう。よし、空売りかけるぞ。お前の会社で儲《もう》けさせてもらうぜ」

※　　※　　※

男　性「実はぼく、末期がんで余命3か月なんだ。一生のお願いだ。エッチさせてくれ！」

女　性「えっ！　そ、そんな……(汗)、で、でも…ほ、ほんとなの？　じゃ…1回だけなら」

重大な「自己開示」をされると、一瞬にして虚を衝かれ、無防備にさせられます。冷静な判断力がはたらかなくなる結果、相手の言い分を信じてしまうのです。

それだけではありません。相手のダミーの「自己開示」に対して「好意の返報性」から、自分のほうも「自己開示」してしまい、うっかり秘密を暴露させられる場合さえあります。

同僚A「ここだけの話だけど、オレ、吉田部長と由里子がホテルに入るの目撃したよ」

同僚B「えっ？　それ、ホントか？　実はオレ、由里子と付き合ってるんだぜ……(汗)」

同僚A「そうか、そりゃショックだろな……(ちくしょう、コイツやっぱり付き合ってたのか)」

テクニック 021

「損失」を強調して説得する

「こんなに損していいんですか？」

株式投資で損をする人は、勝つことばかりを考えて、負けることを考えない人です。

たとえば、「この株は上がるはずだ！」と確信して現物株を買い、予想通り少し上がると、利益確定したくてうずうずし、すぐにも売りたくなります。

目先の利益を失いたくない――という心理がそうさせるのです。

そのため、すぐに売ってしまい、わずかばかりの利益で納得してしまいます。

反対に、「この株は上がるはずだ！」と思って買った株が、期待に反してズルズル下がりはじめた場合には、「まもなく反転上昇するはず」と思い込み、様子見を決め込みます。

そして、時間の経過とともにさらに株価が下がっても、売らずに辛抱してしまいます。

ここで売ってしまうと、損失が確定してしまうからです。

損失は、先送りし「負け」を認めたくないわけです。

結果は、買った時よりはるかに値下がりした株がそのまま塩漬けとなります。

そして、しばらく経って、他の株を買いたくなり、資金不足が生じた時に、見切りをつけて売るのです。こうして、大金を失っていくため、他の株で少しぐらいの利益を上げても追いつかなくなるわけです。

これが「プロスペクト理論」（21頁）が教えるところの**「人は目先の利益に弱く、損失は先送りしがちになる」**ということなのです。「10％上がったら利確で売る」「2％下がったら損確で売る」といったルールを作って望むべきといえるでしょう。

ところで、この心理を逆手に取ることで、説得力を増すこともできます。

相手を説得する時、ふつうはメリットを強調することが多いのですが、**「決断しないとこれだけ損しますよ！」**というトークのほうが効果的な場合もあるからです。

「今だけ10％お安くなっています！」　↓　「今買わないと10％も損しますよ！」
「やれば年間50万円節約できます！」　↓　「やらないと年間50万円損しますよ！」
「続ければ今の体型が維持できます！」　↓　「今やめるとリバウンドで太ります！」

テクニック
022

メリットを簡潔に伝える

「なんたって最新バージョンですから」

メリットを強調することで相手を説得しようとして、メリットを沢山挙げすぎると相手が興味を失うという現象が起こります。判断基準が複雑だと、考えるのが面倒だからです。

店員「こちらのプリンターはスゴイですよ。ここに書かれている通り、メリットがこんなにあるんです。カラー8色で、黒は染料インクと顔料インクの両方のダブル効果。写真のキメがくっきり細かく、プリントスピードはこのクラス最高です。紙詰まりしにくいことでも定評があり、この機種で価格が3万切るのはこれだけです。スキャナーはCCD方式ですから、立体の写りこみも鮮明ですよ。それと背面給紙も付いていますから、紙交換の面倒が省けて巻き込みの心配もありません。デザインも」

お客「あの……それはともかく、こっちの製品はどうなんです？」

店員「ああ、こちらは1万円台の機種では最新バージョンですね……。ええと」

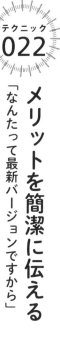

お客「んじゃ、1万円台のこっちをください！」
店員「あ、はい。かしこまりました。ありがとうございます。今、在庫を確認致します」

どんなに優れたメリットが沢山あっても、それをわかりやすく伝えられなければ、マイナス効果になるのです。メリットは、判断基準を与えてくれるはずのものですが、判断基準が複雑になるほど混乱をきたします。

するとと判断基準がやさしいか、むずかしいかが次の判断基準になるからです。

選択肢が多すぎると選べなくなる（28頁）——という現象と同じことがここでも起こってしまうのです。

A案、B案、C案と比較提案する場合にも、同じことが起こります。

A案が選ばれるように誘導したければ、B案とC案のメリットを沢山羅列し複雑化させておくと、A案が支持を得るのです。B案やC案と比較検討するのが面倒だからです。

脳は複雑であることよりも、シンプルに理解できるものに好意を寄せるのです。

テクニック
023

厳しい条件を付けて、あとから「好感度」をアップする

「ご祝儀です」

日本では、一番重要な「報酬金額」を明示しないまま、仕事の受発注が行われることがあります。とりわけ「定価」や「標準価格」があってないような場合です。勝手に双方が相手を信頼し仕事の受発注をするというもので、いいかげんな口約束で交されるものです。

「来月の10日、うちの協会の集まりで1時間ほど講演をお願いできませんか？」


依頼する側が「報酬金額」を明示しないのであれば、要請を受ける側がきちんと尋ねればよいだけなのに、それも聞かずに仕事が行われる――ということがままあるようです。

そのため、仕事が終わってから、「揉《も》める」というイヤなイベントが発生します。

「えっ？　こんなに少ない報酬ですか？」「えっ？　そんなに請求されても払えませんよ」

仕事を依頼した側と、依頼を受けた側が、双方の思惑違いからぶつかるのです。

ここから、本来ならば不要な、無駄な時間と労力が費やされます。

「あとから揉めるなどのトラブルを避けたいので、あらかじめ条件と報酬を詰めておきたく存じます。メールで結構ですので、条件や報酬の明示をお願いいたします」と依頼を受ける側が、しっかり尋ねておけば何の問題も生じません。

それなのに、シビアな交渉のやり取りを忌避したり、「お金のことは話題にしたくない」などのおバカな遠慮が災いするわけです。

依頼する側は、こういう場合ギリギリの安い報酬額でお願いしたいところでしょう。

ならば、その希望金額を正直に伝えてから、そこからの交渉をはじめればよいのです。

報酬額が安い金額で妥結した場合、仕事をする側には、「二度とここの仕事はしたくない」という思いが残ります。諸般の事情を考慮して特別に、仕方なく引き受けたからです。

こういう場合には、とっておきの懐柔策があることを知っておきましょう。

仕事のあとに、「**大好評でしたので、これはご祝儀です**」と別に金銭を渡すのです。

すると、予想しなかった報酬に大きな快感を受け、次の依頼にも快く応じてくれます。

行動分析学の創始者スキナーが説いた強化理論の中の**「不定率強化」の作用**です。

第2章
相手を意のままに動かす「心理誘導トリック」

weapon

テクニック

024 数字であざむく

「○○にたとえると」

数字は明快でウソをつかない――。数字は正確――。数字は客観的――。

こんなイメージがあるので、数字を使うと話に説得力が増すことはよく知られています。

栄養ドリンクの効き目を強調するために、グラムの単位をミリグラムに置き換え、「タウリン1000ミリグラム配合！」と謳《うた》うCMはすっかりおなじみです。

「食物繊維3・2グラム配合！」ではピンときませんが、**「レタス10個分の食物繊維！」**といえば野菜の健康的なイメージで訴求力が増します。

「中国の人口は13億7000万人」というより、**「世界人口の約2割」**といえばインパクトが増します。

「失敗の確率は10％しかないです」というより、**「成功率90％以上確実です」**というほうが説得力が高まります。

「1日たった28円で一生分の健康が買えると思えば安いものです」といって、3万円の浄

※「物は言いよう」でインパクト大に！

水器を36か月（3年）の分割払いで売り込むトークがお買い得感を誘います。

「利益率が1％から2％に上がりました」というより、**「利益が2倍に増えました」**のほうが注目を集めます。

「日本人の100人に1人の方にご愛用いただきました！」というより、**「愛用者120万人突破！」**のほうが、爆発的に売れている印象になります。

何かをアピールする時には、影響力をもたらす単位に置き換えたり、数字を効果的に見せるちょっとした「言い回しの工夫」が欠かせないのです。

テクニック025

自分を嫌う相手の心を変える

「お願いがあるのですが」

特定の人から嫌われている――と感じると、心は落ち着かなくなります。なんとか機嫌をとって好かれようと、その人にへりくだっても、相変わらず相手から邪険に扱われたりすると、こちらも嫌悪の情が湧いてくるものです。

やがて生理的嫌悪感にまで高まると、修復不能なまでの敵対関係が成立してしまいます。

人が人を嫌いになる要因は主に6つに分類できます。軽蔑・嫉妬《しっと》・裏切り・否定・無視・投影です。もちろん、人はその理由をはっきり自覚していないことも少なくありません。

★容姿や身だしなみ、教養、マナーの悪い人を見下すのが「軽蔑」です。
★自分と同等かそれ以下と思えた人が優遇・賞賛されると不快に思うのが「嫉妬」です。
★自分の期待に応えてくれない人への「ないものねだり」の感情が「裏切り」です。

★自分を否定し、攻撃してくる相手への恨みの気持ちの元となるのが「否定」です。
★自分を取るに足りない存在として扱い、反発心を生じさせるのが「無視」です。
★自分の中の「虚栄心」や「ケチ」などの否定的部分を相手に見るのが「投影」です。

「嫌悪の情」は不快ですが、いったん芽生えると自分のほうから消去するのは厄介です。21頁で紹介の通り、そんな認知を変えてもらうには、「新しい認知」の注入が有効です。勇気を奮って、「お願いがあるのですが」と、自分を嫌っている人に自分のほうから近づいていくことが必要になります。ちょっとした資料や文房具などを借りたり、相手の得意分野での相談をもちかけたりするのが、相手の認知を変えるのに役立つからです。

人は本来、嫌いな人にモノを貸したり、相談に乗るのはイヤですが、あらためて頼まれると断わりにくいものです。そこで丁重に感謝の礼を述べることがポイントになるのです。これを繰り返すと、「嫌いな人にモノを貸した・相談に乗った」という認知の不協和を解消したくなります。「嫌いな人」の認知のままでは、心のバランスが保てないからです。礼儀正しく感謝されるうち、相手の認知は「案外いい奴」に変わってくるわけです。

テクニック
026

気になる異性にアプローチする
「ちょっと困ってるんだけど」

前項では、自分を嫌っている相手の「認知」を変えるために、勇気を奮ってお願い事をして丁重に感謝することで、「嫌いな人」という自分への認知を、「案外いい奴」という認知に変えていく方法を紹介しました。

「ちょっとしたモノを借りてみる」「相手の得意分野での相談をしてみる」

これらはいずれも、相手にとって負担の少ないお願い事です。

それぐらいのことには応じなければ——という気持ちにさせる極小の依頼だからこそ、嫌いな人からのお願い事にも従ってくれるわけです。

人にはもともと「善意性」が備わっていますから、最低限のお願い事と思えるようなことまで拒絶してしまうと、かえってストレスになるからです。

そのため、同じ原理ですが、**「ちょっと困ってるんだけど」「ちょっと助けてもらえない**

かな？」などといわれると、協力してあげなければ——という心理もはたらきます。

「すみません、ちょっと急いでいるもので」「ちょっと約束に遅れそうなので」などと困っている理由を伝えただけで、勝手な事情にもかかわらず、人はすぐにモノをどけてくれたり、道を空けてくれたり、コピー取りの順番を先に譲ってくれたりするでしょう。

これを気になる異性とのアプローチに使わない手はないのです。

「ちょっと困ってるんだけど、三角定規とか持っていたら、貸してもらえませんか？」

「ちょっと教えてほしいんだけど、横浜に行くには東横線とＪＲのどっちが便利？」

こんな極小の依頼で相手に協力や相談を求め、自然な会話への展開を心がけましょう。

前項と同じ要領で、相手の「親しくない人への協力や親切」という認知からやがて、「親しい人だからよく協力し親切にしている」という認知への変化が期待できるからです。

もちろん、「親切には親切でお返ししたくなる」という「好意の返報性」の循環現象が起こるように、感謝の言葉やお礼のちょっとしたプレゼントなども忘れてはいけません。

テクニック
027

「人望」を獲得する激励
「○○しすぎないように」

人を励ます時の言葉は、「頑張れ！」とか「頑張ってね！」がふつうです。

しかし、すでに猛烈に頑張ってはたらき、疲れている時に、さらに「頑張ってね！」などと声かけされると、かえって白けることも少なくないでしょう。

もはや、これだけ頑張っているのに、どう「頑張れ！」というのか、そう思うならば、「少しはお前も手伝ってくれたらどうなんだ！」と愚痴のひとつもこぼしたくなるかもしれません。「頑張れ！」と「頑張ってね！」の声かけしか知らないと、誤解を生みかねないのです。人の「頑張り」を見て、無責任にもまだ頑張りが足りない――などと上から目線の言葉をかけた――と思われたのでは印象が悪いわけです。

ならば、**「頑張ってるね！」「やってるね！」**と、現状の「頑張り」を認めてあげたほうが、まだ救いがあるのです。「いつも頑張ってるね！」「すごい頑張りだね！」という、ほめにもつながっています。こちらのほうが、「頑張れ！」とか「頑張ってね！」の命令がかった激励よりも、はるかに温かみを感じさせられます。

また、さらに優しさを加えたいなら、**「頑張りすぎるなよ！」「無理するなよ！」**の声かけのほうが人情味を醸すことにもつながります。すでに十分、現状の「頑張り」を認めたうえで健康上の気遣いまで感じさせるので、人の**「承認欲求」**をも満たすでしょう。

いちおう禁止型なので、さらなる頑張りを期待する導火線にもなるのです。

人は「見るな！」といわれれば「見たく」なり、「行くな！」といわれれば「行きたく」なります。行動を制御され、自由を奪われることに、無意識に反発を覚えるのが人間だからです。「頑張りすぎるなよ！」といわれると嬉しくなって、もっと頑張るかもしれないわけです。

時々状況をよく見計らったうえで、特定の人に「頑張りすぎるなよ！」とか「無理するなよ」と声かけすることは、真に頑張っている人には「感動」すら覚えさせるのです。

ここぞという時に使えば、あなたの人望を高めるチャンスにもなるでしょう。

テクニック
028

いつも相手から親切なサービスを受ける

「いつも○○だね」

人から親切にしてもらったり、サービスをよくしてもらうためには、こちら側も相手に親切に振る舞い、サービスを心がけることを忘れてはなりません。

人は、親切にされると親切を返したくなるからで、「返報性の原理」と呼ばれる心理作用が働くからです。モノをもらうと何かお返しをしたくなる心理は誰にでもあるでしょう。

しかし、いつでも誰にでも無差別に親切にしていたら、相手から舐《な》められてしまう——ということも起こりえます。ほどほどが大事なのです。

むしろ言葉による「親切」で、相手の「返報性」を刺激しておくことをおすすめします。

先方「高いな、この値段。うちへの見積書、値切られると思って1～2割高くしてない?」

当方「め、滅相もないことです。うちはきちんと原価から積算して、適正なコストを……」

先方「いいのいいの、そういう建前は。とにかくさ、これじゃ高くて発注できないよ」

当方「先ほども申しました通り、これが限界値なのです。ご注文が無理でしたら結構です」
先方「え？　あ、そう？　いやいや冗談です。いいですよ、じゃこの価格でいきましょう」
当方「ありがとうございます。高田さんはいつもご親切でご理解も早く、大変助かります」

このように、交渉の場で、駆け引きの結果こちらの条件がすんなり通ったら、すかさず相手にこの事実のクサビをさり気なく打ち込んでおくことです。

「いつもご親切で、ご決断も早く、大変助かります」「素早いご判断に感謝いたします」

特段変わったところのない挨拶言葉ですが、面談でも、電話でも、会話の中にこうした謝辞を繰り返し述べる習慣を持つと不思議なことが起こるのです。

相手の物わかりがよくなり、決断が早く、親切にしてくれるようにもなるからです。

「ラベリング効果」と呼ばれますが、相手にいつも「よいレッテル」を貼り続けていると、人は無意識にその通りの行動を取るようになるのです。

「きみは仕事が早いね」「きみは服装のセンスがいいね」「きみの料理はいつもうまいね」

いつのまにか暗示誘導された相手は、**「返報性の原理」**から、利得をもたらしてくれます。

テクニック
029
正論を唱える相手を丸め込む
「○○のためだろ?」

ウソをついても、バレなければ大丈夫——というのは、ピンチに陥った時に打開策としてしばしば使われる論理です。

部下「部長、ぼくの今月の成績ですが、販売台数が大幅に間違って記載されてますよ」
上司「ん? ああ、きみの数字か。わしが上方修正しといたんだよ」
部下「えっ? そ、そりゃ、どーゆーことでしょうか?」
上司「今期の予算消化ができないんでね、きみの数字を5倍にアップして調整したんだ」
部下「ええーっ? それって、ヤバいんじゃないすか? どうしてです?」
上司「社長から予算の『チャレンジ』を強く求められてね。他の部長もみんなやってるよ」
部下「すると、全社で水増し会計やってるんすか? それって粉飾決算になるんじゃ……」
上司「人聞きの悪いことというなよ。いずれ帳尻は合わせるんだ。不適切会計だけどね」

※「会社のためならエーンヤコーラ♪」と社畜に徹してしまう！

部下「でも、こんなに水増しして、将来に帳尻合わせるってできるんですか？」

上司「何とかなるでしょ。これは会社のため、きみの将来のためだよ。わかるだろ？」

部下「はあ……、何となくですが……わかります。んじゃ、会社のためってことでいいんですね」

このように、「不正」に異を唱えられた時に威力を発揮するのが**「大義名分」**です。

「会社のため」「きみのため」「家族のため」「将来のため」「夢のため」「正義のため」「義理のため」「友情のため」「国のため」「故郷のため」……いろいろ使えて丸め込めます。

テクニック 030

ほめて動かす

「きみ、いいねえ！」

「人たらし」といわれるほどに、人扱いのうまい人がいるものです。

こういう人にかかると、いつのまにか相手の思うように転がされてしまいます。

「人たらし」になる極意にはいろいろありますが、ここでは非常にカンタンな方法を覚えておきましょう。

「ほめて動かす」「ほめて転がす」といった誰にでもできるテクニックです。

教師「田中くんは、字がうまいなあ。そうだ、後ろの黒板の予定表を書き直してくれよ」
生徒「てへへ……、はい、わかりました！」

※　※　※

夫「やあ、きみの揚げる天ぷらはうまいなあ。あ、すまん冷蔵庫からビールもう一本！」
妻「ふふ、ちょっと待ってね。今、シイタケだけ揚げちゃうから、待ってね！」

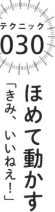

※「人たらし」は人をたらし込むのが巧みです。

※　※　※

上司「きみの先日のレポートは役員会でとても好評だったぞ。新人のホープだな」

部下「いえ、とんでもないです。部長のご指導のおかげです」

上司「ところで、今度の日曜日空いてるか？　うちの娘のピアノの発表会だけど」

部下「あ、空いてます！　いいですねえ、部長のお嬢さんのピアノ聴きたいです」

ほめは、人をとろかす麻酔効果を持っています。バンバン使って人を転がしましょう。

テクニック
031

「目をかけてくれる人」を作る

「実は昔から○○で……」

つい最近、20代の風俗嬢が、お客として知り合った40代会社員男性から、３か月ほどの間に１５６０万円を貢がせ、詐欺で逮捕される――という事件が報じられました。

この女は、「父親が病気で入院」「障害のある父親への借金の督促がひどい」「自分が代わりに返済したい」などの不幸話で会社員男性に同情させ、金を貢がせていたといいます。

また数年前には、30代会社員男性が、数回デートしたキャバ嬢からの「ガンになって入院した」「会いたいけど今は面会謝絶で会えない」などのウソのメールに騙され、会社の金６億円を使い込み、７年間で３５０回も送金していた――という事件も発覚しています。

こうした事例は極端ですが、水商売の女性が、男性客に金品を貢がせるためのテクニックのひとつとして、この手の「不幸な話」は鉄板ネタとなっています。

ふつう、人に「同情心」を起こさせるのは、目の前にある「他人の不幸」です。「他人の不幸」は時として人の心を大きく揺さぶります。「援助行動」という利他的行為にも走らせるのです。男女の「恋愛感情」の錯覚も加わり、「善意の自分」に酔いしれます。

面接官「きみたちの4年間の学生生活の印象を一言で表現すると、どんな感じかな？」
Aくん「体育会スキー部で心身を鍛え、スイスやカナダでは山岳スキーにも挑みました」
Bくん「母子家庭でしたので新聞奨学金で4年間の学費を賄い、生活が苦しかったです」

人生経験が豊富な年長の面接官であるほど、苦学生のBくんの人柄に魅《ひ》かれるはずです。

新入社員「こんな高級なお店は生まれてはじめてです。父を早くに亡くしているので……」
上　司「ほう、そうだったのか？　ま、これからはワシを父親代わりと思いなさいね」

「貧困」「病気」「母子家庭」「苦学生」……こうしたキーワードは人の心を揺さぶります。

テクニック 032

相手を手玉に取って従わせる

「でも、無理ですよね?」

どんな人でも、自分の得意とする分野、好きな分野というのがあるものです。そういう話題を振られると、つい饒舌《じょうぜつ》になります。

人たらしの人は、相手の得意分野や好きな事柄を共通の話題とし、聞き上手に徹して持ち上げ、好感度を上げていきます。そして相手を巧妙に従わせてしまうのです。

同僚A「鈴木さんは、パソコンお詳しいですね。かなり昔からなんですか?」

同僚B「学生時代からソフトをいじって、パソコン教室で講師のバイトをやってたんです」

同僚A「あ、なーるほどー、道理でお詳しいわけで……。教え方も上手ですしね」

同僚B「いやいや、それほどじゃあ、ありませんけどね……(嬉)」

同僚A「鈴木さんなら、パソコンの反応がおかしくなっても、慌てることもないでしょ?」

同僚B「まあ、大体どこがおかしくなったか、すぐに見当はつきますからね」

同僚A「でも、素人がいじくり回して、相当変になったパソコンだと無理ですよね？」
同僚B「そんなことはないです。そういうのでも一晩あれば、たいてい正常に戻せますよ」
同僚A「さすが頼もしいですねえ。じゃ、私のパソコンも一晩で直るのかな……？」
同僚B「え？　調子悪いんすか？　じゃ持ってきてくださいよ。明日までにやりますから」

こんな具合に、面倒な頼み事も引き受けてくれるでしょう。相手の才能をほめたたえたうえで「でも、これは無理ですよね？」と切り出すと意地でもやって見せてくれるのです。

職場で生意気な人物を懲らしめてやりたい——という時にも使えます。

生意気な人間ほど、自尊心が高いので、「ほめて・けなす」とすぐに反発するからです。

実績を鼻にかけている部下には、**「いくら営業成績ナンバーワンのきみでも、財閥系の菱友産業に取引口座を開かせるのは無理だよね？」**といって、むずかしい新規開拓をけしかけたり、**「いくら酒豪のきみでも、このマオタイ酒のグラス一気飲みは無理だよね？」**と持ちかけて、「いいえ、そんなことはありません」といわせ潰《つぶ》してしまうのです。

テクニック 033

「弱み」をセーブして「強み」をアピールする

「××ですが○○ですよ」

人間の記憶イメージは、一番最後のフレーズに最も強く印象づけられます。

八百屋さんの店頭で、**「値段は高いですが、このイチゴは天下一品の美味しさですよ」**といわれると、値段の高さもさほど気にならなくなります。

彼氏を親に紹介する時、**「顔は怖いんだけど、すごく優しくて復興支援のボランティアに3か月も参加してた人なの」**というと、奉仕の精神に富んだ青年のイメージになります。

「あいつはいい奴だけどすごくケチなんだ」といわれると、みみっちい人物イメージですが、**「アイツはケチだけどすごくいい奴なんだ」**というと、倹約家のイメージになります。

誰にでも、マイナス評価になる部分とプラス評価になる部分がありますが、先にマイナス部分を表現し、あとからプラス部分を表現すると、マイナス部分がセーブされるのです。

この原理を「**親近化効果**」と呼びますが、面接の時などにはことさら威力を発揮します。

面接官「ひゃー、きみって学業成績が悪いんだねえ。『可』ばかりで『優』は3つしかないじゃないか。いわゆる『加山雄三』って奴だね、ちょっと古いけど（苦笑）」

学　生「はい、おっしゃる通り、学業成績は悪いです。しかし、大学で学ぶべきは机上の学問だけではないと思います。私は途上国を中心に世界25カ国を4年間で通算856日かけて巡り、世界の貧困と差別について体で学び考えました。これからの総合商社は、途上国の発展に寄与することが大事な使命と考えるのです」

面接官「ふーむ。根性ありそうだね。うちのビジネスはたしかに途上国多いからね」

このように、かなりのマイナス部分があっても、あとのフレーズでプラスの部分が強調されると、全体の印象さえもがバランスのとれた、よい人物像に変わってくるのです。

テクニック
034

愚痴をこぼす人物を黙らせる
「そりゃ、どこも同じだよ」

愚痴をこぼしてばかりの人は、誰からも相手にされなくなります。

愚痴は堂々巡りで出口がないため、話を聞かされるほうは聞くだけヤボだからです。

しかし、こちらに愚痴をこぼしてくる人物が、上司だったら困ります。

「まあまあ、それは仕方がないことでしょう。それはまあ、あきらめるよりないいんじゃ……」などと、軽くいなすわけにもいきません。

「お前もそう思うだろ？　な？」などと同意を求められるでしょうから、「ええ、まあ……」などと煮え切らない返事でお茶を濁すしかないわけです。

愚痴をこぼす人の心理には、「なんで自分だけ、こんなに不幸なんだ」という不公平や不平等を恨む気持ちがはたらいています。

もとより、わがままで甘ったれた心境なのですが、こういう思い込みがある限り、愚痴

※「どこもみな同じ！」のセリフで目が覚めます！

は何度も繰り返されるわけです。

出口に導いてあげる必要があるでしょう。

「他もみんな同じ状況」という「気づき」を与えることで、突破口が開けるのです。

上司「なんで上層部はうちの部のコストカットばかりいうんだろ。頭くるよな？」

部下「ええ、ですが管理部門はみんなそうみたいですよ。雑誌に書いてありました」

上司「ふーん、どこもみんなそうなんだ。なるほど、うちのような総務部は金を稼ぐ部署じゃないしなあ」

テクニック 035

「悪口の仲間」から巧妙に距離を置く

「すごいね。で、○○はどう？」

とかく世の中の人間関係には悩ましいものがあります。実際、心理学の泰斗《たいと》アルフレッド・アドラーは「悩みのすべては人間関係だ」とまで断言しているぐらいです。

ママ友A「ねえ、知ってた？　ヒカルくんのママって、音大出てるんだって」
ママ友B「ふーん。すごいね。だからヒカルくんにピアノとバイオリン習わせてるんだ」
ママ友A「でも、ヒカルくんは幼稚園で一番の音痴よ。きっとお父さんに似たのね」
ママ友B「え？　ヒカルくんて音痴だったの？　それに、お父さんも音痴なの？」
ママ友A「そう。先日の父母会のあと、懇親会でカラオケ行ったんだけど、最悪だったわ」
ママ友B「ふーん。でもピアノとバイオリン習ってれば、ヒカルくんは大丈夫でしょ？」
ママ友A「全然。才能のない子にそんな無理強いは一種の虐待よ。ね、そう思うでしょ？」
ママ友B「へーっ、そう……？　あ、そうかも……だけど……いや、その…あの…（汗）」

こんな悪口に同意を求められると困ります。こういう手合いは、「ヒカルくんのママは、子供虐待だって、ユウトくんのママもいってた」などと、人の名前をダシに使うからです。あとから、「いった・いわない」の争いの巻き添えになるのはご免こうむりたいものです。こういう手合いには、曖昧《あいまい》な態度での同調は禁物です。乗らないことが一番だからです。

ママ友A「あのね、ヒカルくんは幼稚園で一番の音痴よ。きっとお父さんに似たのね」
ママ友B「わ、すごく鋭い観察眼！　さすがヒトミちゃんのママって頭いいのねえ！」
ママ友A「えっ？　そーお。ふふ、ま、けっこう昔から観察眼は鋭いのよ、アタシ（嬉）」
ママ友B「ところで、先週ディズニーランドに行ったのよ。1デーパスが6900円に値上げされててビックリだったわ。これってもうボッタクリに近いと思わない？」

相手が誰かの悪口をはじめたら、すぐにその観察眼をほめたたえます。相手を気分良くさせ、すぐに別の話題で同意を求めるのです。これで最初の悪口の話題はすっ飛びます。

テクニック
036

恨みを残さないように叱《しか》る

「○○なのに、どうして？」

職場で上司が部下を叱責《しっせき》する時は、部下に遺恨《いこん》が残らないようにすることが一番です。「叱る」つもりが「感情的に怒る」になりがちなので、上手な「叱り方」を覚えておく必要があるでしょう。とりわけダメな「叱り方」には、次のようなものがあります。

◆過去の失敗を蒸し返す………「先月もミスったよな」「これで何回目の失敗だよ」
◆人格や能力に言及する………「大学出たの？」「バカかお前は？」「頭悪すぎだろ！」
◆他人と比較する………「A君は出来てるのに」「お前だけだぞ、ドジ踏むのは！」
◆トラの威を借りる………「部長にバレたらどうすんだ？」「社長に殺されるぞ！」

こんな形で叱り飛ばしたのでは、「ちくしょう」「覚えてろよ」「裏で足引っ張ってやる」などと恨まれるばかりで、叱っても改善効果は見込めません。

自分で迷惑をかけたことを心から反省し、どこに失敗の原因があったのかを正しく分析して理解していないと、同じ過ちを繰り返すことになるだけだからです。

上手な叱責の仕方には、3パターンがあります。

①ミスを指摘し、最後は「ほめる」………「こんなミスさえなければ、優秀なきみなのに」
②ミスをサンドイッチの「ほめ」で挟む…「できる人間のこんなミスは、もったいないぞ」
③「ほめた」あとに自己説得させる………「頭いいんだから、原因と対策を考えてくれよ」

感情的な態度で追い込むのではなく、冷静な態度でミスを指摘し、どこかに「ほめ」を必ず入れるのが鉄則なのです。**「ほめ」のない叱責は、相手の脳裏に届かないからです。**

ケアレスミスはその場で叱り、本人の怠慢で起きたミスは、本人のメンツを潰さないよう個別の場面ごとで叱るほうが、相手の良心に訴える効果も高いでしょう。

叱責は時間をかけるとマイナスで、事実の指摘だけに留め、短いほうが心に響きます。

テクニック
037

上手に断わる①
「来週なら可能なのですが」

断わり方が下手な人は、評価を落とします。

頭を下げて頼んだのに無下にされた——というそのことが相手の気分を害するからです。ゆえに、相手に必要以上に迎合してなかなか断われない——という人も出てきます。

しかし、断わり方が下手だからこそ評価を下げるのであって、上手に断わったのであれば、別段何の問題も生じない——ということも知っておかなければなりません。

自分に都合が悪ければ、断わっても構わないのです。これはごく当然の権利でしょう。

正しい断わり方のステップを見ておきましょう。

①謝罪……………「申し訳ありませんが」
②断わりの言葉………「今回はお引き受けできません」
③断わる理由…………「すでに他の用件が入っていて手一杯だからです」

④代替案の提示…………「来週なら可能なのですが」

4番目の「代替案の提示」は、自分の都合如何《いかん》でなくても、**「○○さんに当たってみたらどうでしょうか？」**という他の人に振る提案でも構わないのです。相手が困っている状況を察して「一緒に考える」姿勢という、リップサービスを付け加えることが肝《きも》だからです。

この定型パターンに当てはめれば、たいていの要求はスムーズに断われるはずでしょう。

ところで、あえて依頼内容を明かさずにこちらの予定だけを尋ね、「空き」を確認してからこちらを強引に引きずり込もうとする頼み方もあります。

たとえば、「今夜だけど、空いてる？」とだけ尋ね、「空いている」と答えると、「合コンメンバーが足りないから付き合ってくれよ」とか、「こういうメンバーで飲み会やるから行こうぜ」などとネゴする手合いです。

そんな時は、正直に答えずに**「いや、空いてないけど、どうして？」**と逆質問します。

そうすれば、**「ふーん合コンか、今度また誘ってくれよ」**といってスルーできるのです。

テクニック
038

上手に断わる②

「○○なのでお引き受けできません」

断わり上手になるメリットは、他人の要請に付き合わずにすむため、「自分の時間が邪魔されない」ことに尽きます。効率的な人生を歩むうえで断わり方はとても重要なのです。

上司「きみ、今度の日曜、私の代わりに接待ゴルフに行ってくれないか?」
部下「えっ? 今度の日曜?（わッ、デートの約束がある）えーと、だ、大丈夫かと……（汗）」
上司「よし、大丈夫だな。私はちょっと他に急用ができてな。すまんが頼むよ!」

このように、不意打ちで頼まれるとうろたえてしまい、せっかくのデートという大事なイベントさえもが軽く飛ばされてしまいます。社畜精神があると断われないからです。
こうならないためにも、「断わる理由」のダミーを用意しておくことをおすすめします。

上司「きみ、今度の日曜、私の代わりに接待ゴルフに行ってくれないか？」
部下「申し訳ございません。今度の日曜は父の法事でして、長男の私が施主なのです」

こういえば「外せない用事」としてキッパリ断われます。「何回忌なの？」と聞かれても慌てずに、「3回忌です」「7回忌です」と答えられるようにしておけば万全でしょう。

「知人の結婚式でスピーチをする」「郷里の親戚の法事に参列」など、自分以外に代われない用事をすぐに持ち出せるようにしておけばよいのです。

シチュエーションごとに正当に思える「断わる理由」のダミーを作っておきましょう。


「今日残業してよ」↓「申し訳ありません。今夜は恩師のお別れ会で私が幹事なのです」

「ぼくと付き合って」↓「ずっと憧《あこが》れている人がいるのですみません、でもありがとう」

「PTA役員になって」↓「義父と義母が寝たきりで、しかも在宅介護で大変なんです」

「デートしよう」↓「ごめんなさい。土日は学校に通ってて平日はその勉強で忙しくて」

「連帯保証人になるか金貸して」↓「オレも借金漬け、きみに保証人を頼みたいぐらい」

テクニック
039
望ましい関係を作り上げる
「きみっていつもキレイだな」

「お前ってホントにバカだな」などと繰り返していると、「ゴーレム効果」で、相手がホントにバカを繰り返すようになります。

「どうせ、オレなんか」とイジけることで潜在意識に刷り込まれてしまうからです。

これを**「ラベリング効果」**といいます。

相手にレッテルを貼り続けていくと、そういう人物が形成されるのです。

部下に仕事を振る時には、**「きみに頼むよ、仕事が早いからね」**と伝えておくと、仕事が早く仕上がり、**「お、相変わらず、きみは仕事が早いな」**と讃《たた》えておくと、どんどんスピードアップが図れます。

料理の下手な奥さんに、**「きみの料理はうまいな」**といい続けると、だんだん料理が美味しくなり、食事の支度が遅い奥さんには、**「きみは料理を作るのが手早いな」**とほめ続

けると、調理が手早くなるのです。

勉強の嫌いな子には、勉強している時を見計らって、**「勉強が好きなんだな」**とつぶやいておくことです。

これを続けると、だんだん勉強する時間が長くなります。

身なりを構わない男性には、**「あなたって結構オシャレね」**といい続けることなのです。「そんなバカな」と疑うことなく、これを辛抱強く続けるとホントにそうなります。

ぜひお試しいただきたい心理学のワザなのです。

根気よく、さり気ない口調で、心からそう思っている——という自然な態度が大事です。

テクニック 040

上司に逆らわずに異を唱える

「ちょっとだけ質問してもよいですか？」

上司の意見に、部下が異論を唱えると悪印象を残します。人は、自分に反対する人間が嫌いだからです。上司には、自分のほうが知識も経験も上だというメンツもあります。

たとえ、あとから部下の意見のほうが正論だったとしても、上司は部下を恨むのです。

元気でヤンチャな新入社員の方は、間違いを犯しかねないので気をつけましょう。「堂々と自分の意見を述べて何が悪いのか」などと思っていると地獄を見るからです。

上司「というわけだから、この方針を得意先にも浸透させていくよう頼むぞ、きみ」

部下「それって得意先から文句が来ますよ。そんなこと打ち出したら注文減りますよ」

上司「注文を減らさないように、うまくやるのがきみの仕事だろうが！（怒）」

上司の意見に反論があっても、反論するのではなく質問で留めないといけないのです。

※上司の意見には逆らわずに「質問」だけに留める！

上司「というわけだから、この方針を得意先にも浸透させていくよう頼むぞ、きみ。いいね」

部下「承知しました！　あのう質問ですが、反発が強い場合の対策とかは何か？」

上司「うむ。そうだな、反発が強いかもだな……。それについては別途考えておくとしよう」

部下「かしこまりました。課長の方針を浸透させるべく頑張ります！」

上司の論理の弱い部分を、質問によって気づかせられれば上出来というわけです。

テクニック041

上手にほめる①

「もう脱帽です！」

人には「認められたい・ほめられたい」という**承認欲求**があります。

承認欲求が満たされれば嬉しくなって、全身が「快」の状態に導かれます。

反対に「無視・否定される」ことは、不安を覚えさせ、怒らせますから「不快」です。

人に影響力を及ぼすには、「相手を認めて・ほめる」ことが大事なわけです。

極意は「先手必勝」です。こちらのほうから積極的に近づき挨拶し、ほめてかかったほうがこちらは好印象をゲットできるのです。「ほめ」は4つのカテゴリーに分けられます。

◆迎合・賞賛……「すごい」「素晴らしい」「素敵」「さすが」「いいですね」「最高ですね」
◆共感・同調……「なるほどね」「ごもっともです」「おっしゃる通りですね」「同感です」
◆気遣い・感謝…「嬉しいです」「楽しいです」「ありがとう」「大丈夫？」「大変でしたね」
◆へりくだり……「おかげさま」「参りました」「感服です」「恐縮です」「勉強になります」

いずれのセリフも相手の承認欲求を満たすための言葉になっています。

中でも、相手への迎合・賞賛の「ほめ」が一番オーソドックスな「ほめ」ですが、このセリフは使いすぎに注意しないと、第三者に聞かれた際に、「ゴマスリ」「へつらい」「おべっか」などと思われるリスクも高くなります。迎合・賞賛の「ほめ」は、相手と2人だけの状況の時に使ったほうが安心できるのです。

共感・同調の「ほめ」の「なるほど」は、あいづちとしても使われますが、さらに「おっしゃる通りですね」と踏み込むと、相手の自尊心がくすぐられるでしょう。

気遣いの「ほめ」は、一見自分の感情を表現しているだけのように見えますが、喜びの感情をあえて表現することが、相手への承認であり顕彰になるわけです。

へりくだりの「ほめ」は、文字通りの謙譲ですが、あえて自分と相手を対比する形をとることで相手の承認欲求を満たすので、立場が上の人が使うと謙虚さが際立ちます。

状況や場面に応じて、「ほめ」のセリフがスムーズに使えると好感度を上げられるのです。

テクニック042

上手にほめる②

「すごく知性的ですね」

相手をほめる時に、注意しなければならないのは、外見に目がいきがちなことです。ほめれば相手は気分がよくなる――と思い込んでいると、かえって印象を悪くします。

男性は、美しい女性を前にすると、「キレイですね」「美人ですね」「カワイイですね」などとストレートに連発しがちですが、美人はほめられて嬉しくないわけではないものの、内心では「ああ、またか」とも、思っているものです。シツコイと不快にもなります。

これは**自己確認**の心理ですから、本人にとっては当たり前の認識でしかありません。

女性は、男性よりも、外見を気にしています。

周囲に他の女性がいたなら、自分の外見だけをほめられたら、よけいに神経を使います。デリケートな心理がはたらいていますから、むやみに外見を讃えるよりも、内面に目を向け、**自己拡大**が図れる、さり気ない「ほめ」のほうが気が利いているのです。

「センスがいいですね」「知性的な感じですね」「趣味がいいですね」「品性を感じるな」

「考え方が緻密《ちみつ》で行き届いた感じだね」「お声がいいですね」「話してると楽しくなります」


同様に、男性の場合にも「ハンサム」「カッコイイ」「男前ですね」などと、外見ばかりを強調した「ほめ」を多用すると、敬遠されるので気をつけましょう。


なお、男性と女性では、「ほめ」の効くツボが異なります。

男性は狩猟系のＤＮＡなので、結果や成果、財力、権力、権威、成功体験などの達成感をくすぐったり、男性としての強さ、たくましさ、知性などへの「ほめ」が効果的です。

「大きな成果ですね」「すごいパワー」「むずかしいお仕事をされてるんですね」などです。


いっぽう、女性は採集系のＤＮＡなので、プロセスや協調性、癒《いや》しや家庭的、母性的な優しさといったハードよりもソフトな内面を攻められると嬉しくなるものです。

「きみのフォローのおかげで助かった」「気が利くね」「親切だね」「優しいね」などです。

テクニック
043

上手にほめる③
「〇〇いただき、ありがとうございます」

迎合・賞賛の「ほめ」は、元来上から目線の言葉です。立場が上の人から、立場が下の人にかけられる言葉でしょう。

「さすがだね」「よくできたね」という「ほめ」は明らかに、立場が下の人にかけられる言葉でしょう。

上司にエクセルの使い方を教えた部下が、「部長もやればできるじゃないですか」とほめ、上司も「でへへー」と喜ぶ場面はたしかにあるでしょうが、これは本来変なのです。

小学生から、「なかなかやるじゃん」などとほめられたら、どこかムカつくでしょう。

目下の人が目上の人をほめてはいけない――というのが正解なのです。

労をねぎらう「ご苦労様です」は上司に使えないため、「**お疲れ様です**」と変換します。

では、目下の人が目上の人を讃えたい場合はどうしたらよいのでしょうか。

能力をダイレクトに評価するから、上から目線の「ほめ言葉」になってしまいます。

共感・同調の「ほめ」や、気遣い・感謝の「ほめ」、へりくだりの「ほめ」を使うようにすると、上から目線感がなくなるでしょう。

「おっしゃる通りと思います」「嬉しいです」「ありがとうございます」「おかげさまで」「すごいワザを見せていただき、ありがとうございます」「部長が上司で光栄です」などです。

あるいは、迎合・賞賛のほめでも、短い感嘆のセリフに置き換えれば使えます。

「すごっ！」「うまっ！」「はやっ！」「完璧《かんぺき》ッ！」などです。

専門家やプロに対して「ほめる」場合も同様なので、気をつけたいものです。

この場合も、技能を評価すると上から目線になります。

プロの歌手を前にして「歌うまいですね」、ピアニストに「指がよく動きますね」、料理人に「包丁の扱いがさすがだ」、ペンキ職人に「ムラなく塗るの上手ですね」などという

と、嬉しくないわけではないものの、「バカにされた」と思う人もいるかもしれません。

こういう場合は、プロとしての技能ではなく、仕上がった作品のほうを讃えるべきです。

「惚《ほ》れ惚《ぼ》れです」「心に響く音色でした」「とてもオイシイ」「見事な仕上がり」などです。

テクニック
044

選択肢を複数にして自分の提案を通す

「A案とB案のどちらがよいですか？」

グッドアイデアを思いついた部下が、嬉々《きき》として上司にそれを伝えても、木端《こっぱ》みじんに粉砕される——といったことがあります。

ざっと、提案書のレジュメに目を通し、「ダメだな」などと一言で片づけられる場面です。提案の中身以前に、提案者の部下の知識や経験が浅いといった先入観がはたらくと、提案の中身そのものがあまり吟味されない——といったことも起こるでしょう。

また、上司はとかく、「これでどうでしょうか？」などと部下からマルかバツかの判断を求められると、どこかイチャモンをつけたくなる——という傲慢《ごうまん》気分もはたらくのです。もとより、「これでどうでしょうか？」と尋ねられると、聞かれた人は評論家になってしまうという習性もあります。上から目線で評価する立場に押し上げられるからです。

スムーズに提案内容を検討してもらい、まっとうな助言をもらいたい時には、提案を2、

自分の提案を通したい時はこの手が効く！
グッドアイデアだと思うんですがいかがでしょうか？
ダメだな……詰めが甘いよ練り直せ！
ポイ！
★横着な上司は部下のせっかくの提案でも、とりあえず却下する！
ABCの3案のうちA案とC案がコスト的にいけると思いますが……
うむ……そうだなA案が一番よさそうだなこれでいけよ
★本命のA案以外にダミーの案と比較させると本命が通る！

3の複数案に分け、「どれがよいでしょうか？」と選ばせたほうがよいのです。

部下「課長、例の件ですが、処理法で3つの案を考えましたので、ご検討ください」

上司「どれどれ？　ふむ…AとCがコスト面でいけそうだな。きみはどう思う？」

部下「私も同感です。ただ、私の浅い経験では、ちょっと判断がつきかねまして…」

上司「そうか、ならA案でどうだ。A案のほうが時間的にも余裕が出るだろ？」

部下「はいっ！　ありがとうございます。ではA案ですすめるべく、段取りいたします」

テクニック
045

生意気な青二才を手玉に取る

「わかるよ、オレもそうだった」

草食系の男性が多くなったといわれる昨今では、熱血バリバリ型・猪突《ちょとつ》猛進タイプはなかなか見かけません。全体におとなしめの印象ですが、それでも青臭いことを主張する生意気な青年がいないわけではないでしょう。

部下「編集長、私のスクープした女優・相川花子とアイドルグループJの桜田紋太のお泊り愛の記事はボツになるんですか？」
上司「うむ、相川の所属プロと桜田の所属プロが、政治家絡みで圧力かけて来たんだ」
部下「で、圧力に屈したというのですか？」
上司「うむ、うちの社長判断だから仕方ない。この記事はなかったことにするしかない。その代わりに、お笑い芸人・下呂太郎の不倫疑惑の情報をもらった」
部下「お笑い芸人・下呂太郎の不倫なんて、世間は興味ないいんじゃないですか？」

上司「まあね。でも、ないよりましだろ。枯れ木も山の賑《にぎ》わいっていうからな」
部下「編集長は、社長に談判する気もないんですか？　それでも編集長ですか？」
上司「なんだと？　生意気な口利きやがって。お前なんかに何がわかる！（怒）」

これでは、部下もついてこなくなります。
こういう時には、次のように懐柔することです。

部下「編集長は、社長に談判する気もないんですか？　それでも編集長ですか？」
上司「うむ。きみの怒りも、きみの気持ちも、よーくわかる。オレもそうだったからね」
部下「えっ？　編集長もそういうご経験があったんですか？」
上司「もちろんだよ。これでもう、かれこれ50回目ぐらいかな、記事つぶしは……」
部下「そうだったんですか……（トーンダウン）」

悔しい気持ちは同じだよ――と共感してやれば、青臭い怒りも収まるのです。

テクニック046

周囲の人を親切な存在に変える

「これ、よかったらどうぞ！」

他人から親切にしてもらいたい時はどうしたらよいのでしょうか。

心理学では、「返報性の原理」をはたらかせることが、一番効き目がある方法として知られています。

「返報性の原理」とは、人からモノをもらったり、親切にしてもらうとお返しがしたくなる――という無意識にはたらく心理です。これを「好意の返報性」といいます。

反対に、意地悪をされたり、悪口をいわれると、いつか仕返しがしたくなるのは「悪意の返報性」と呼ばれます。

ポイントは、人から人へ――という温もりが大切だということです。

レストランの会計時のレジ前には「ご自由にお取りください」などと、キャンディーやガムが置いてあったりしますが、これではあまりありがた味を感じてもらえません。

むしろテーブルで会計をお願いした時に、伝票とともに従業員がキャンディーやガムを差し出したり、熱いオシボリや締めの抹茶を恭《うやうや》しく運んできてくれたほうが、お客には「感じのいいお店だな、また来よう」と思ってもらえるのです。

実際、米国での心理実験では、こうした形をとることでチップの額が倍増した例などが数々報告されています。

「返報性の原理」がはたらくように周囲の人に親切にしていると、急な用事で勤務シフトを他の人に代わってもらう時や、何かの頼み事をしたい時、相手が二つ返事でOKしてもらえるので重宝します。**「返報性の原理」は、好悪の感情すらも超越するものですから、誰にでも分け隔てなく無条件にこちらから親切にしておくことが大事です。**

小さな積み重ねがあるほど、周囲の人たちは親切を返してくれるものなのです。

「部長、お茶が入りました。部長のお好きな玉露の濃い目で淹《い》れました」などと、いつもさり気ないサービスを施していると、早退してバーゲンに行きたい時などにも有利です。

テクニック047

ライバルを味方にする

「憧れちゃうなあ！」

職場にライバル意識の強い人がいると、はなはだ迷惑です。

こちらの言動を逐一監視しているような気配があるうえ、何かあると突っかかってくるような言動の鬱陶《うっとう》しさは、経験のある人でないとわかりません。

しかし、こんな人間関係を作ってしまったのは、こちらに原因があることも多いのです。過去のどこかの時点で相手を刺激し、挑発する行為や言動がなかったかどうか——一度冷静に振り返ってみるべきかもしれません。

ライバルといえば「好敵手」ともいえるため、肯定的な存在にみなす人もいますが、しょせんは「敵」のカテゴリーなのです。場合によっては、こちらの足をすくわれかねない存在ですから、やはりライバル関係からは降りておくほうがおトクです。

こちらをライバル視するような人を発見したら、すぐさま他の人に、その人のことをほめる習慣をもつとよいでしょう。

「中山さんはいつもエネルギッシュな活動ですごいなあ。オレ、尊敬しちゃう」などと、繰り返し、折にふれていろいろな人に、ライバル視してくる人を讃えておくことです。

こうした行為を続けていると、やがて本人の耳にも届くからです。

第三者から本人に、**「お前のこと、鈴木がすごい人だって感心していたぞ」**などと聞かされると、本人だって半信半疑ながらもまんざら悪い気はしないはずです。

本人の目の前で本人をほめると、いかにもおべんちゃらに聞こえてしまいますが、第三者の口を借りてこうした「ほめ」が伝わると、人はよけいに嬉しくなるのです。

「ウィンザー効果」といって、ほめは直接いわれるよりも第三者経由で聞かされると信《しん》憑《ぴょう》性が増し、ほめていた人も、それを伝えた人も、好感度が上がるのです。

ほめられた本人は気分がよくなり、だんだんに相手のことをライバル視しなくなるのです。自分を認めてくれる人は敵ではなくなるからです。ほめることで外堀が埋められます。

つまり、ここでも「好意の返報性」がはたらく——というわけです。

第3章
相手の心のウラを読む「マインドプロファイリング」

weapon

テクニック
048

ウソを見破る①
「おやおや？」

ウソを見破る方法にはいくつかあります。

もちろん、ウソをつくのが平気な人間が相手だと、必ずしも決定打にならないこともあるでしょう。しかしそれでも、いずれかの方法を駆使することによって、ほぼ当否の見当はつくものなのです。


ウソをついている時には、独特の身体表情が表れるのがふつうだからです。

ウソがバレないよう無意識に緊張するためなのです。

平静を装っていよう――とする、その意識がかえってぎこちない言動を招きます。

とりわけ、何かを報告している時にごまかそうとしたり、相手に何かのウソを信じ込ませようと思っている時、次のような特徴的な口調やしぐさが表れるのです。

※不自然に早口になる。※何でもない・興味のない風を装い、早く話題を転じたがる。
※まばたきの回数が多くなる。※目が泳ぐ。※手や顔が汗ばんでいる様子。
※いい間違って咬《か》む、吃音《きつおん》が入る。※文法的におかしな表現が出る。
※こちらの目をまっすぐ見ない。※尋ねていないことを話し、話題を転じたがる。
※手足の動作が不自然になる。※考えて答える時、目が上か下に頻繁に動く。
※じっとこちらを凝視してくる（女性に多い）。※足元が定まらず落ち着かない様子。
※「ウソじゃないですよ！」とむやみに強調する。

ざっとこんなところなのです。正直な人ほど身体表情が平静時と明らかに異なります。
こんな身体表情が出ていたら軽くジャブを入れてみることです。

「ホントかよ、それ？」「おやおや？」「ええー？」「ウソだろ？」

こんな一言にすぐさま反応し、身体表情が激したら、ウソをついていることでしょう。

テクニック

049 ウソを見破る②

「ん……？」

誰かとふつうに会話をしていた時に、急に相手が口をつぐみ、押し黙ったまままこちらを凝視してきたら、あなたはどう思いますか。きっと、「アレ？　何かマズイこと、変なことをいったかな」と焦ってしまうことでしょう。

にわかに緊張して、「あの、えーと…、そういうわけで……（汗）」と、こちらも話が続かなくなるはずです。**「沈黙」**と**「凝視」**は、これほど強い影響力を相手にもたらすのです。

相手が何を考えているのか急にわからなくなるため、それが不安を呼び起こし、少なからず動揺させられるのです。これを、「もしかしたら、ウソをついているかもしれないと思う相手」に対して使うと、ものすごく効果的な反応が得られます。

焦った相手は、すべてを見透かされたように感じ、ウソがつけなくなるからです。

母親「そういえば最近、ヨシオ君、うちに来ないわね。どうしたの？　喧嘩でもした？」

子供「えっ！　べ、べつに喧嘩なんかしてないよ。あ、今度中村君が来る……中村君はね…」
母親「中村君じゃなくてヨシオ君の話だけど…………………（凝視しながら沈黙！）」
子供「ヨ、ヨシオ君とは、もう遊ばない……だって……ぼくのこと…いじめるから（泣）」

※　※　※

上司「きみ、Ａ社からの注文がないけど、どうなってる？　担当者と親しかったよな？」
部下「えっ？　と、特別親しかったわけじゃないですが……そういや、注文ないすね……」
上司「きみはＡ社の担当者と合コンするほど仲良かったじゃないか、何いってるんだよ」
部下「あ、まあ、そういうこともありましたけど、それはそれでして……特段のことは……」
上司「きみ、担当者と何かやらかしたんじゃないか…………？（凝視しながら沈黙！）」
部下「や……じ、実は、先日合コンに行って、女の子の取り合いになっちゃいまして……（汗）」
上司「バカヤロッ！　そういう時は、得意先に女の子を差し出すべきだろがッ！（怒）」

「沈黙」と「凝視」は、ウソのあぶり出しに効果テキメンです。
勝手に自白してくれるので手間いらずで、「ウソの見破り法」として重宝するのです。

テクニック

050

ウソを見破る③

「アレ？　それって変だぞ？」

人は、ウソをつくほどに、ウソのつき方が上達します。慣れると度胸がつくからです。ポーカーフェイスで平然とウソがつけるようになると、身体動作の緊張も和らぎますから、外見からの判断は極めてむずかしくなるのです。

そこで、もうひとつの「怪しい人物見分け法」を紹介いたします。

「隠密動作《おんみつ》」をしている人を見つけ出して、カマをかけてあぶり出す方法です。

人は隠し事をしている時や、自分に後ろめたい感情がある時に、「隠密動作」を行うことが知られています。自然に振る舞っているつもりでも、潜在意識はウソがバレていないかを恐れ、身体反応しているからです。

「隠密動作」の時の特徴は、「動作や仕草が極端に小さくなる」ことです。歩幅も狭く、体も丸まり、手足の動きも小さくなります。すなわち、あたかもそこに存在しないかのように息を殺し、自分の存在を目立たなくするように無意識が作用してしまうわけです。

カンニングをしている人、教室でテストの採点結果が配られる時に成績が悪いことを自覚している人、スーパーでこれから万引きをしようとしている人にも特徴的に見られる仕草でもあります。どこか、オドオド、ビクビクした感じといったらよいでしょうか。

職場でも、「アレ？　何か、この人いつもと違うぞ」とピーンとくる人がいるはずです。そういう人は、とんでもない失敗をやらかしてしまったか、あるいはこれから悪だくみを行おうとしているか、ウソをついて隠蔽《いんぺい》したい——などと心に抱いているわけです。

職場で人の挙措動作を眺め渡すと、意外にもそういう人はカンタンに見つけられます。人間の動物的本能として「**脅威検出・視覚探索**」という能力が備わっていますから、怪しい人物、危害を及ぼしそうな人物はいちはやく発見してしまうのです。

見つけたら、カマをかけてやることです。

「**アレ？　きみ変だぞ。Yシャツに汗染みがない。今日ちゃんと外回りこなしたのかい？**」

「**アレ？　昨晩飲み会のはずよね、クルマ使ってるでしょ？　ホントはどこ行ってたの？**」

するとたちまち、慌ててウソをついている時の「身体表情」が表れるわけです。

テクニック
051

ウソを見破る④
「きみ、ウソをついてもわかるんだよ！」

人は、過去を思い出す時と、未来を想像する時で、眼球がそれぞれ独特の動きをします。

たとえば、ある人は「きのうの夕食は何を食べましたか？」と過去のことを尋ねられると、「えーと……」と考えながら、左上もしくは左方向を見るように視線が動きます。

次に、「今度の日曜日には何をしたいですか？」と未来のことを尋ねると、今度は右上もしくは右方向を見るように動くでしょう。これは米国の言語学者ジョン・グリンダーと心理セラピストのリチャード・バンドラーが提唱した神経言語プログラミング（NLP）という心理療法で用いられる**「アイ・アクセシング・キュー」**と呼ばれる心理技法です。

他にも、左下を見るように視線が動くのは内的対話をしている時、右下を見るように視線が動くのは、喜怒哀楽の感情や体感体験を想起している時――という見方もあります。

もちろん、人によって、向きが逆になって表れることもあるのですが、大体20歳ぐらいまでに視線の向きは一定となり、その後はほぼ変わらないとされています。

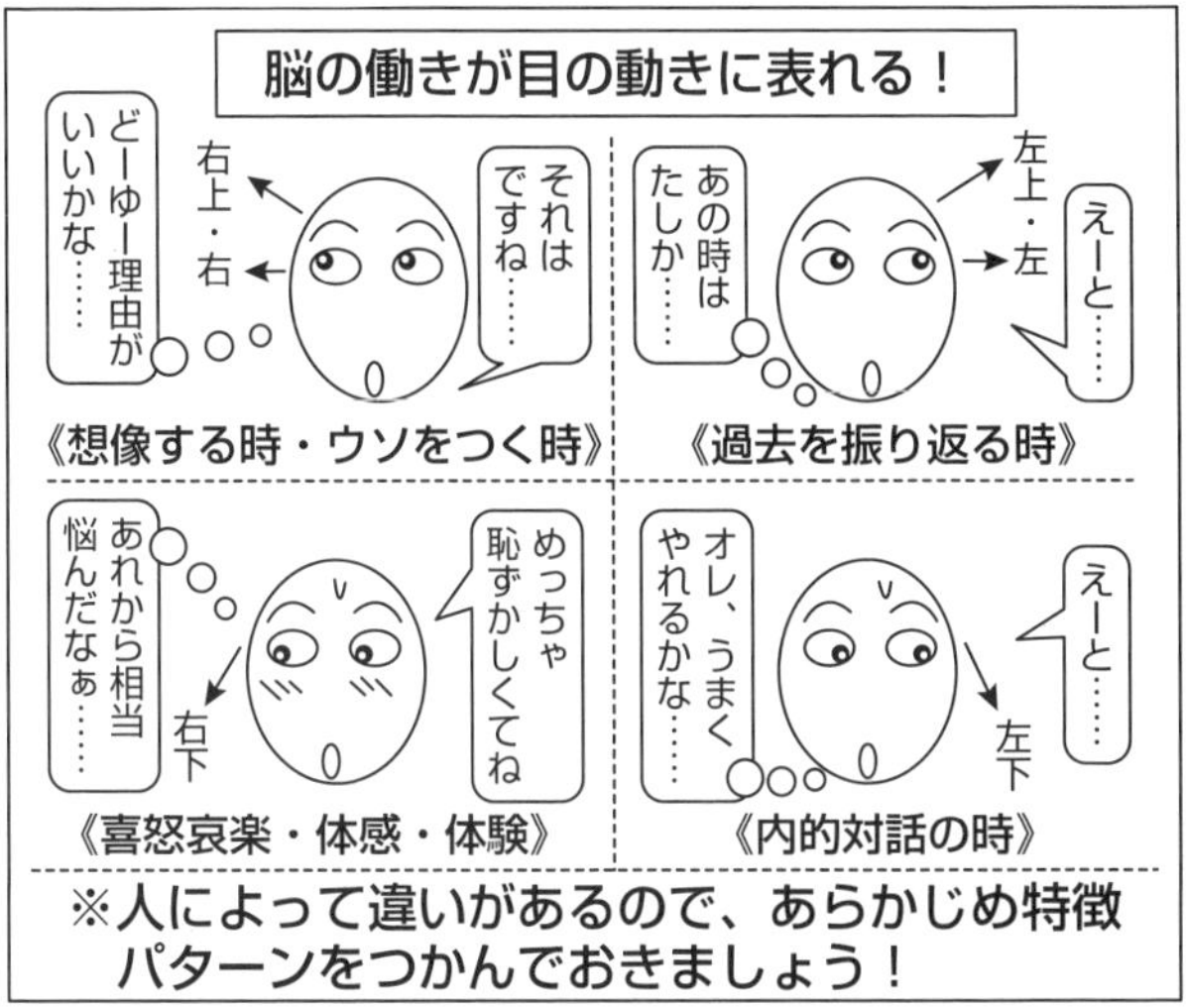

相手が何を考えているかを探り、コミュニケーションに役立てようという技法ですが、あらかじめ特定の人の視線のパターンを覚えておくと、「ウソ発見器」の役割も果たせます。

上司「きみ、A社との交渉は、その後どうなってる？　うまくいきそうか？」

部下「えーとですね……（視線が右方向に動き、空想する）、まだまだ、これからってとこですかね……」

上司「お前、ウソつくなよ。まだ交渉始めてないだろ。いいかげんすぐやれよ！」

部下「えっ（汗）、や、その……あの……（どうして交渉始めてないのがわかるんだ？）」

テクニック
052

モチベーションを高める
「うまくいく方法を教えて！」

人をやる気にさせる元となっている「動機」には2つの種類があります。

「内発的動機」と「外発的動機」です。

「内発的動機」とは、「好きだからやっている」など、自分の心から沸き起こる動機です。面白さ、楽しさ、充実感、達成感といった内面からの衝動で起こる「ヤル気」です。

「外発的動機」とは、「物理的報酬」や「外部からの賞賛」を求めて起こる「ヤル気」です。


勉強するのが好きで頑張っている子供に、「テストで90点以上取ったら、毎回500円あげる」ことにすると、「内発的動機」が金銭的報酬を得るためという「外発的動機」に置き換わってしまうため、かえって「ヤル気」をなくしたりします。

また、新規開拓営業に使命感を覚えて頑張っている営業マンに、アレコレ営業のやり方を細かく指導したりすると、「内発的動機」が、指導を受けることでコンスタントに成果を上げるべきという「外発的動機」にすり替わってしまい、「ヤル気」が殺《そ》がれたりします。

このように「内発的動機」が、「外発的動機」に変わることで、モチベーションの低下が起こる現象を**「アンダーマイニング効果」**といい、教育界ではよく知られています。

イメージしていただければわかる通り、内的衝動に突き動かされる「内発的動機」のほうが、「外発的動機」よりも集中力が高く、より高い成果をもたらします。

ブラック企業の中には、入社2〜3年目の社員に、いきなり「課長」の肩書だけ与える安易な会社もありますが、待遇が平社員と変わらないのに課長の名刺だけ与えても、「ヤル気」が持続しないのは自明でしょう。舐《な》めた扱いをした場合にも「ヤル気」を殺ぎます。

人をヤル気にさせるには、「外発的動機」における「物理的報酬」にだけ、頼らないことが重要です。「外発的動機」の中でも最も「内発的動機」に結びつき、それを高める効果が強いとされるのは、「外部からの賞賛」です。つまり、上手な「ほめ」が効果的なのです。

頑張っている人には、**「みんなにやり方を教えて」**と成功のポイントを語らせましょう。それだけで「役に立っている」という自覚が芽生え、ますます頑張りたくなるからです。

テクニック
053

秘められた「内発的達成動機」を手玉に取る

「その才能を活かすべきだ！」

人の「ヤル気」には、「内発的動機」と「外発的動機」の両方が関わると紹介しました。ところで、人には秘められた「**内発的達成動機**」というのもあります。

たとえば子供の頃、将来の夢として、「アイドルになりたかった」「バスの運転手になりたかった」「ゲームクリエーターになりたかった」「小説家になりたかった」――というのがそれにあたります。たいていは、大人になる過程で、現実にそぐわなかったり、適性や能力の問題で、単なる子供の頃の夢や憧れとして終わるものです。

しかし、大人になって他の職業に就いてからも、「見果てぬ夢」として、沸々と心の中でその種火を燃やし続ける――という人も、いないわけではないでしょう。

実際、中年になってからでも、素人ながら私家版のCDを出してコンサートを開いたり、バスを購入して自分で乗り回した挙げ句、許認可をとってバス会社を起ち上げた人、会社勤めの傍らスマホ用アプリを次々と開発したり、小説の新人賞に応募を続ける人や高額費用を負担して自費出版会社から自分の本を出す人――などがいます。
他人から見ると、「何でそこまでしてやりたいの？」と思えることにも、費用を惜しまず、夢中になって行動に走るのです――これこそが「内発的達成動機」の成せるワザでしょう。
つまり、こういう人は、こうしたツボを背中から押されると手玉に取られやすいのです。

上司「きみは、かつてパン作り職人になりたいと思ってたそうだね？　今もそう思うの？」
部下「はい、学生時代にはバイトで、いろんなパン作りの経験も積んでいました」
上司「そうか、親の反対でサラリーマンになったんだよな。そんなきみに、ラッキーなチャンスが巡ってきたよ。今度うちでも35歳以上対象の希望退職募集があるんだ」
部下「えっ？　きぼう、たいしょく……ぼしゅう……ですか？　35歳のぼくも対象に？」
上司「割増し退職金が10か月分も付く。いいだろ、最初で最後のチャンスだぞ！」
部下「うーん、そっかー。すると開業資金もなんとかなるかもだな……うーん（ワクワク）」

「内発的達成動機」にうまく火がつくと、メラメラと燃え上がり、爆走をはじめるのです。

テクニック
054

相手が「男脳」か「女脳」か判別する

「指をそろえて見せてください」

「2本指の法則」とか、「2D／4D比（2番目・4番目の対比）」と呼ばれる「男脳」「女脳」の判別法があります。1988年に英国セントラル・ランカシャー大学のジョン・マニング心理学教授が発表した「人差し指と薬指の長さの比較で、胎児の時に浴びた男性ホルモン（テストステロン）の量が推定できる」とする研究論文から派生して広まりました。

マウスの解剖や動物の形態研究からの報告だけに、「人間に当てはまらない・擬似科学の領域」と切り捨てる向きもありますが、意外にもかなり「当たる」という評もあります。

胎児の時、男性ホルモンを多く浴びると、薬指が人差し指より長い「男性脳」となり、女性ホルモン（エストロゲン）の影響が強いとその逆で「女性脳」になるというのです。

著者も周囲の人に試みました。たしかに男性は大多数の人が人差し指より薬指が長いのですが、女性は必ずしも薬指より人差し指が長いとは限らず3割ぐらいが長いだけでした。

こんな指の長さの比較から、男女ともに左図のような傾向が窺《うかが》えるという知見なのです。

２本指の法則

男性脳

人差し指＜薬指

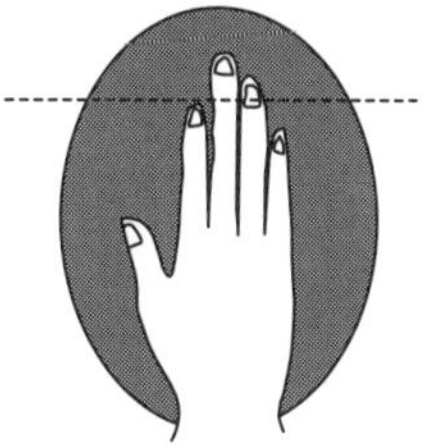

※男性の多くが人差し指より薬指が長い。胎児の時に男性ホルモン（テストステロン）を大量に浴びたため（マウスの研究）。

《男性の場合》

人差し指より薬指が際立って長いと、活発で行動的でリスクを恐れない。一般的な傾向としては、数的認識力が高く、支配欲があり、攻撃的という男性らしさが象徴される。薬指が長いほど成功者が多いが、感染症にもかかりやすい。

《女性の場合》

性格も行動も男性に近くなり、人差し指より薬指が長くなるほど支配的で、成功した女性経営者やアスリートに多く見られる。

中性脳（人差し指＝薬指）

人差し指と薬指がほぼ同じ長さの人は、中立的で個性的な人が多いといわれます。女性に多い傾向で、子沢山になるというデータもあります。

女性脳

人差し指＞薬指

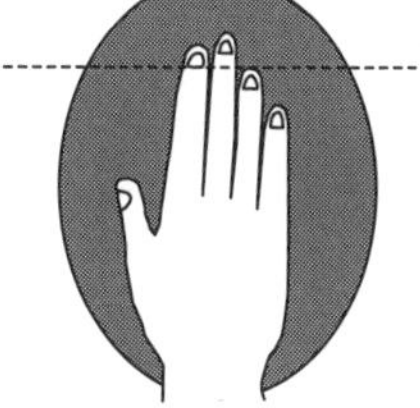

※女性の３割ほどが人差し指が薬指より長い。胎児の時に女性ホルモン（エストロゲン）の影響下にあったため（マウスの研究）。

《女性の場合》

母性的で感受性が非常に豊かな傾向。言語能力に秀でている。争いごとを好まず、協調性に優れる。気が利く人が多く、補佐する能力が高い。

《男性の場合》

感受性が鋭く、平和志向で争いごとを好まない。家族愛が強い傾向。優しい物静かな男性に多い。

テクニック
055
相手の本音をあぶり出す①
「たとえばだけどさ」

話がリアルに具体的になるほど、立場もあって、本音が出にくくなることがあります。

広報「その件につきましては、まだ調査中でして、見解は控えさせていただきます」
記者「見解じゃなくていいんです。被害額はどのぐらいなのかだけ、教えてくださいよ」
広報「それも調査中ですから、お答えいたしかねます」
記者「そんなこといわずに、わかる範囲で教えてくださいよ。ね、お願いしますよ」
広報「いいえ、ダメです。後日に発表いたしますから、それまでお待ちください！」

※　※　※

当方「おたくのこの製品の製造原価なんて、たかが知れてるでしょ？　もっとまけてよ」
先方「原価は企業秘密です。おたくが想像するより、はるかにコストはかかってますよ」
当方「そんなことないでしょ？　どうせ部品の多くは東南アジアから仕入れてるんだし」

先方「東南アジアから仕入れてるので原価が安いとか、勝手に決めつけないでくださいよ」

しつこく迫るほど、相手の口は堅くなります。相手にとって敏感なところをストレートに質そうとするからこうなります。もっと相手が客観的な立場だと錯覚し、気楽に答えられるよう、「仮の話」とか「たとえばの話ですが」と枕を振って誘導するとうまくいきます。

記者「仮の話ですが、営業利益に影響を及ぼすほどの被害金額ではないですよね?」

広報「そんな大それた被害じゃありませんよ。販管費コストの範囲内の軽微なものです」

※　※　※

当方「たとえばの話、これぐらいの製品の原価だったら、5%そこそこでしょ?」

先方「いえいえ、付帯費用も加われば、10%ぐらいにはなりますよ」

「仮の話だけど、きみのようにモテモテの女性だと、もう10人以上の男と付き合ってるよね?」と女性に聞くと、「そんなには……まだ6人よ」などと、本音が聞けるわけです。

テクニック
056

相手の本音をあぶり出す②
「それであなたは？」

「聞き上手は話し上手」という言葉があります。聞き上手な人は、自分がほとんど喋《しゃべ》っていなくても、相手から「話し上手な人」と思われて好印象を得る――という意味です。

相手の話を引き出す時には、「前のめり姿勢」「適度な相づち」「うなずき」「オウム返し」などが有効とされますが、話し手が乗りやすいように、「相手を主人公に見立てた質問」をしてあげることが最も効果的――ともいわれています。


「きみはその時、それに対してどう思ったの？」

「それで、部長はその時どのように相手にお話しになったのでしょうか？」

「その時の気持ちはどうだったんですか？」

「なぜ、そんな大胆な作戦を思いついて、実行したのですか？」

このように尋ねられると、その時の状況が甦《よみがえ》り、気分が高揚していきます。まさしくドラマの主人公になったような気分でしょう。

人は、自分のことが大好きで、自分が得意になれる分野の話を聞いてもらう時が一番嬉しくなれるものなのです。乗せられれば、つい余計なことまでべらべら喋ってしまいます。

面接官「ほう、きみは大企業を1社も受験せず、中小企業のうちが第一志望なんですか？」

学　生「ハイ、大企業で小さな歯車になりたくないんです。経験を積むには御社が一番と」

面接官「たしかに、うちなら経験は積めるでしょうが、給与も福利厚生面も弱いですよ」

学　生「ハイ、それは承知の上です。自分がチャレンジできる環境を重視したいんです」

面接官「ふーん、今どき珍しく殊勝で立派な学生だねえ。どうしてそう思うんですか？」

学　生「やはり、必要なスキルを早く身につけて、独立したいというのが一番大きいです」

面接官「え？　さっき、うちに骨を埋《うず》める覚悟っていってなかった？　独立志向なの？」

学　生「あ、いや、その……(汗)、そ、そういうこともできたらいいなっていう……(狼狽《ろうばい》)」

面接官「うーむ、うちで、早々に独立されるってのも、ちょっとなあ……」

テクニック
057

相手の本音をあぶり出す③

「きみのこれまでの経験は？」

人が質問されて、一番答えやすいのは、「現在」や「未来」のことではなく、「過去」の経験です。次の事例を見てください。

同僚A「さてと……、今日の昼飯何食べる？」（現在）
同僚B「うーん、今日の昼飯ねえ……、えーと、何にしようかな……」
※　※　※
同僚A「明日の昼飯だけど、何食べる？」（未来）
同僚B「えー？　明日の昼飯かよ……、うーん、明日ねえ、何かなあ……、わかんねえな」
※　※　※
同僚A「昨日の昼飯って、何食べた？」（過去）
同僚B「昨日はね、来々軒の中華丼だよ。うまかったよ」

過去の経験は、記憶を手繰《たぐ》るだけなので語りやすいのです。初対面の人との会話でもそうなります。「何かご趣味をお持ちですか？」と尋ねるより、**「これまではどんなご趣味をお持ちでしたか？」**と尋ねたほうが、はるかに返答がしやすくなるのです。

このことは意外に知られていません。

これを相手の本音をあぶり出すのに使うと便利なのです。

×「きみの好みのタイプの女性は？」↓○「きみは今までどんな女性と付き合った？」

×「どんな仕事に就きたいと思う？」↓○「子供の頃、なりたかった職業は？」

×「困難にぶつかったらどうする？」↓○「今までどんな困難があり、乗り越えた？」

×「どんなパソコンをお求めですか？」↓○「今までパソコンで主にされてたのは？」

×「どんな保険がご希望ですか？」↓○「今までどんな保険にご加入でしたか？」

「現在」や「未来」への質問は本音を隠させ、「過去」の経験が本音を覗《のぞ》かせてくれます。

テクニック
058

相手の思考パターンを見極める

「手を組んでみて、次に腕を組んでみて」

1981年にノーベル生理学・医学賞を受賞した米国カリフォルニア工科大学のロジャー・スペリー博士の研究によって、「右脳」と「左脳」の機能分化が注目されました。

その副産物として、指組みと腕組みによる「思考傾向の判別法」が登場しています。

「左脳」が言語的・論理的・分析的・数学的機能をつかさどって右半身をコントロールし、「右脳」が非言語的・映像的・直感的・芸術的な機能をつかさどって左半身をコントロールしている――という仕組みはよく知られています。

そして、両手の指を組む時は、「思考の入力」に関わる後頭葉が作用し、両腕を組む時には「思考の出力」に関わる前頭葉が作用する――といわれます。

このことから、両手の指を組んだ時に左右どちらの親指が上に来るか、あるいは両腕を組んだ時に左右どちらの腕が上に来るかで、「思考」の入力・出力の特徴や傾向がわかるというのです。擬似科学の領域ながら、よく当たるという人も意外に多い判別法なのです。

「指の組み方」と「腕の組み方」でタイプがわかる

※指の組み方＝思考の入力　※腕の組み方＝思考の出力

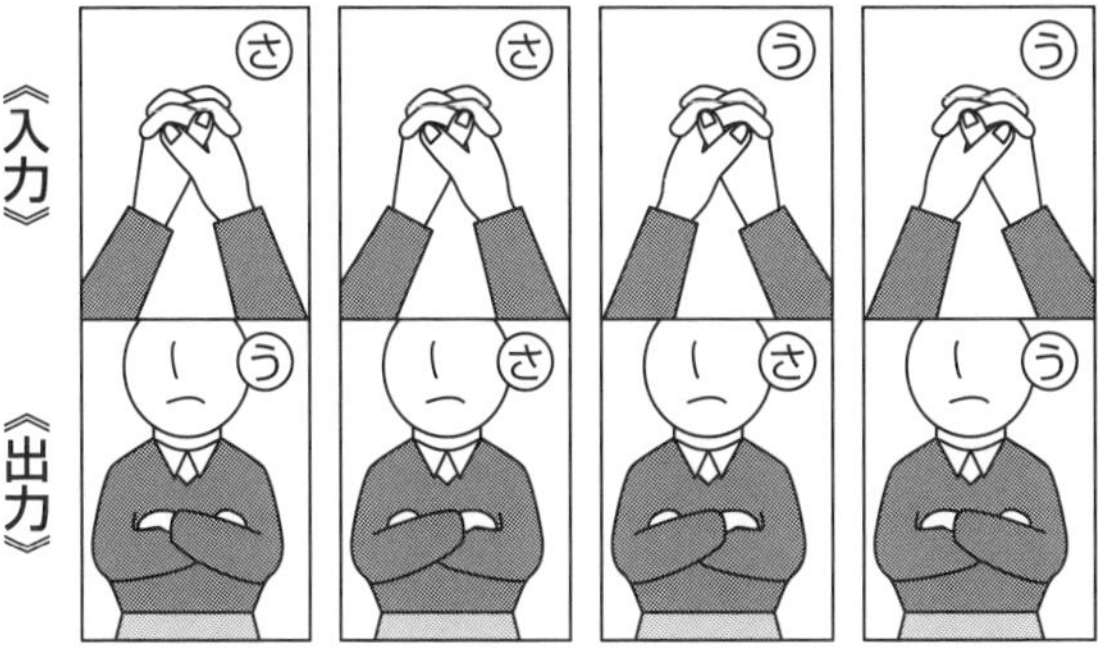

さう型
（左脳×右脳）

物事を分析的にとらえるが、遊び心を発揮して、感覚的でユニークな構成・処理ができる。大雑把になることもあるが、陽気でおしゃべりな社交家。

ささ型
（左脳×左脳）

観察眼に優れ、分析的・論理的に物事をとらえ、緻密な構成・処理が得意。几帳面かつ生真面目であり非凡な努力家。

うさ型
（右脳×左脳）

直感的にとらえたものを論理的に構成して処理する。個性的でユニークな発想をするが、根は真面目な常識人。

うう型
（右脳×右脳）

何事も直感でとらえ、感覚的に処理するタイプ。明るく楽天的でマイペース。わがままで自分が大好きという一面もある。発想はユニークさが特徴。

テクニック 059

「邪悪な心理」を相手の表情から読み取る

「口角が片方だけ上がっている」

米国の心理学者ポール・エクマンは、人の基本的感情を7つに分類しました。「喜び」「驚き」「怒り」「恐怖」「悲しみ」「嫌悪」「軽蔑《けいべつ》」の7つです。

注目すべきは、7つの感情のうち、「喜び」以外は、ほとんどが「不快な感情」――ということです。なぜ、こんなにも「不快な感情」が多くを占めるのか、エクマンは「人類の生存・進化」に不可欠な感情だったから――と説いています。

ところで、「驚き」の感情は、実は「喜び」にも通じていますが、その他のすべての「不快な感情」にもつながる「初期反応」の感情にすぎません。いわば中立的感情なのです。

しかし、他の5つの感情すべてが、私たちにとっては不快なものばかりです。

「怒り」の感情は、他の動物との獲物をめぐる闘争に火をつけるために重要なものです。

「恐怖」の感情は、生存欲求を毀損《きそん》するものに対する防御と闘争の行動指針になります。

「悲しみ」の感情は、何かを喪失することの価値基準を人に与えてくれるものです。
「嫌悪」の感情は、汚物や危険食物などの毒物中毒や細菌感染から人体を守らせます。
「軽蔑」の感情は、集団行動上の規範や掟《おきて》作りに寄与してくれるものです。

これらの感情には特有の表情が伴います。ここで重要なのが、「人を騙す時の表情」です。

笑顔でこちらに近づき、何やら一生懸命説明してくれる人を例にとって説明しましょう。

笑顔は、相手に安心感を与える「快」の表情ですが、作り笑顔もカンタンにできます。

エクマン流の「本物の笑顔」と「偽物の笑顔」の見分け方は、カンタンにいうと、目が笑っていないのが「偽物の笑顔」になります（本物の笑顔は、口の両端から頬骨に伸びる小頬骨筋と大頬骨筋が、目の両端に張られた眼輪筋を収縮させ、下まぶたが押し上げられ目が細くなる）。作り笑いの表情は意図的なので疲れやすく、獲物を仕留めようと真剣になるほど忘れがちになり、目はこちらをよく観察しようと凝視しがちになります。

そして、**片方の唇の口角だけが上がる表情がほんのわずかに表れます。**これが、獲物を仕留められそうと油断し、つい出てしまう「騙し」の表情（軽蔑の表情）というわけです。

テクニック
060

自分に敵意を持つ人を見分ける

「眉間が険しい人・口元が歪んでいる人」

職場の朝礼などにおける上司のスピーチ時には、誰でも一応真面目な顔で耳を傾けます。

しかし、そのスピーチを、「またか」と歓迎しなかったり、「退屈だな」、「話がシツコイ」、「いいかげんに終われよ」などと、心の中で苦々しく思ってしまう時もあるでしょう。

そんな時が、実は一番注意が肝心な時になります。

あなたが退屈な思いの時、あるいは反感の思いを募らせている時、上司はあなたのことを潜在意識に「不服従な人間」「敵意のある人物」として刻み込むからです。

まさか、そんなこと——とお思いでしょうか。

「脅威検出の優位性」という動物が進化の過程で身につけた能力を甘く見てはいけません。

実験によれば、150名ぐらいの聴衆までなら、自分に「不服従な人間」「敵意のある人物」を見分けるのは極めて容易――とされているからです。

つまり、聴衆の前でスピーチをする人は、目の前の聴衆の中から瞬時にして、「自分に対して悪意的な感情」を持つ人を抽出できるわけです。それは聴衆のほんのわずかな表情の違いを見分けてしまう人間の不思議な能力――ということに尽きるでしょう。

人も動物も、進化の過程で猛獣や危険な害虫といった、自分の生存を脅かしかねない存在には極めて敏感です。即座に発見しなければ、「対応の遅れ」＝「死の危険」だからです。

「好意の表情」「中立の表情」には、ほとんど反応しないものの、人は対人間での「悪意の表情」にだけは、敏感に反応するようになったゆえんなのです。

眉間にシワが寄っていたり（敵意）、口元がへの字になっていたり（嫌悪）、唇を尖らせていたり（不満）、たとえ笑顔でも口角の片方だけが上がっていたり（軽蔑）、顎《あご》を突き出していたり（反発）、首を傾《かし》げていたり（退屈）、目を極端に細めていたり（懐疑・批判）、視線が宙を泳ぐ（無関心）といった、微妙な表情がたちどころにピックアップされるわけです。

自身が朝礼やプレゼンなどでスピーチする機会があったら、よく観察してみることです。無意識にではなく、意識して観察すると、このことが実によくわかるはずだからです。

テクニック061

相手の足の状態を見て、相手の心を把握する

「真剣じゃないな、この人……」

他人の足の状態がどうなっているか――などは誰も注目しませんが、足は人の心の状態を最もよく表している部位になります。

原始時代、猛獣を近くに発見した人は、足をピタリと止め、息を殺したことでしょう。草むらを歩いていて、うっかり踏んだヘビが鎌首をもちあげて来たら、とっさに足は後ずさりします。自転車がよろけてぶつかりそうだったら、瞬時に飛び跳ね避けるでしょう。意識的に考えて足への指令を出したのではなく、潜在意識が反射的にはたらいて、足の動きをコントロールした――という本能行動の成せるワザなのです。

足の動きは人の心の状態をも、敏感に反映するゆえんです。

腰に両手を当てて、肩幅に足を広げて立つのは権威の誇示です。さらに両手を腰の後ろで組むのは警戒行動です。このように足を肩幅に広げて立つのはバランスがよく、次の行

動にいつでも移れる準備体勢でもあるのです。

立ったままでどこかの壁に寄りかかり、足を交互に絡めていたりするのは、バランスは悪いのですが、無防備でかなりリラックスしている気分であることが窺えるでしょう。


実は、足の動きはテーブルをはさんで座り、人と対面している時にこそ、さまざまな心理を映し出しています。テーブルで見えないので安心するため、かなり無防備な心の状態がさらけ出されてしまうのです。こっそり観察する習慣を持つとよいでしょう。

両足をきちんとそろえ、相手に向けて膝を正面に向けている場合は緊張しています。

両足をまっすぐ伸ばしがちに広げていたら、かなり退屈しています。

くるぶしのあたりで両足を交差させていたら、リラックスして「快」の気分です。

両足が開き気味で、しっかり地に足をつけて前のめりの姿勢の時は真剣で積極的です。

体は正面を向いているのに、足先の向きが正面でなく横を向いていたり、出口のほうに向けられていたら、話の内容に無関心で早く立ち去りたい本音が表れています。

なお、ソファに座った時などに、足を組むのは顕示欲が強く優位に立ちたいタイプです。

第4章

絶対に揺るがない自分をつくる「自己最大化メンタリズム」

Weapon

テクニック062

自分の意見に注目させて説得効果を高める

「これが真理というもの！」

ビジネスの現場で、自分の発言に、より一層の注目を集めたいと思った時には、「逆説的言辞」を唱えることをおすすめします。逆説的言辞とは、次のようなセリフになります。

「成果を挙げたかったら、仕事なんか真面目に一生懸命やってちゃダメだよ」
「借金を早く返さなきゃ——なんて思っているうちは、きみもまだヒヨッコだな」
「コンプライアンス（法令遵守）なんてクソ喰らえと思ったほうが成功するよ」

一聴すると常識やモラルに反することを主張しています。

そのため、聞かされたほうは、頭の中に「ハテナマーク（?）」が広がります。「え？　何でだろう？」と思ってしまうことで注目度が上がるのです。

認知に不協和を起こした状態であり、これを「**認知的不協和**」と呼んでいます。

このあと、認知が協和するように話を続ければよいのです。

「仕事は要領だよ。ゲーム感覚で、ササッとひらめきで仕上げたほうが出来がいいんだ」
「借金も財産のうちだろ。信用残高が高い証拠だよ。返すより効率運用すべきなんだよ」
「パチンコも人材派遣業も、元は違法営業ではじまり、あとから法で認知されたんだぜ」

デートに誘って彼女を口説く時にも使えます。

男「実はオレ、きみを恋人にしたいなんて、これっぽっちも思ったことはないんだ」
女「え？　どゆこと……？」
男「きみと初めて会った時から、オレの生涯のパートナー・同志になる人だって思ったよ」

こんなやり取りをすると記憶にもよく残り、相手の胸の内での反芻《はんすう》効果も高くなります。
近年では、書籍のタイトルにもよく使われます。『医者に殺されない47の心得』『営業マンは「お願い」するな！』『千円札は拾うな。』など、いずれも印象度が高いでしょう。

テクニック
063

自分を強く印象づける
「どのへんが気に入ってますか？」

人は質問されると、すぐに答えなければ――と無意識に反応します。

店員「というわけで、この製品の特長はいろいろあります。お客様は、どのへんを気に入っていただいてますか？」

お客「うーん、そうだね。やはり、コンパクトでデザインが洗練されてるところかな……」

店員「さすがお客様はお目が高いです。グッドデザイン賞を受けた製品なんですよ」

「気に入っているところ」を質問されると考えます。どのへんを自分が「よい」と思っているのか思考を巡らします。「いいところ」を自分で探し、自分で選んだ回答に自分自身が納得します。この現象を**「自己説得」**と呼ぶのです。

自分で出した結論ゆえに自分が説得され、確信を持つようになるのです。

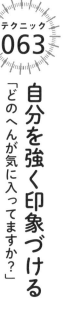

男性「きみは、ぼくのいいところって、どんなところだと思ってるの？」
女性「え？　うーん……、そうねえ、決断力のあるところかな……」

この男性のよいところは、「決断力のあるところ」と女性は潜在意識に刷り込みます。

女性「ねえ、アタシのどういうところが好き？」
男性「えっ？　そ、そうだな……、いつも笑顔でオレを励ましてくれるところかな……」

大して好きでもなかった相手でも、あらためて考えると、好きなところも浮かびます。するとそのことが刷り込まれます。時々、思いついたように同じことを聞いてみましょう。自分に振り向かせたい時、自分をもっと意識させたい時に、この手を使うと効果があります。「どう思う？」と漠然と聞くのではなく、「どこがいい？」「どこが好き？」と具体的に聞くのが肝になります。

テクニック
064

自分のイメージをコントロールする

「○○なんですよ」

巧妙に「自分語り」をして、自分のイメージを創り上げることを「自己呈示」といいます。たいていの人は、真実の自分を語る「自己開示」と間違え印象操作されてしまいます。

「子供の頃から数学が好きで、それで大学も理学部・物理学科にすすんだんです」
「子供の頃は虚弱体質でしたが、実戦空手の極真会館道場で体を鍛え、今は3段です」

本当は真っ赤なウソでも、真顔でこんな話をされると、前者の人はノホホンとした雰囲気を漂わせていても、「頭脳明晰《めいせき》な人」に思えてくるでしょう。

後者の人は、脆弱《ぜいじゃく》そうに見えても、「ケンカしたらヤバイ人」と思わせてくれます。

イジメにあいやすいタイプの人などは、このように何か武道で鍛えているというイメージを事前に周囲の人に刷り込んでおくと、「魔よけ」代わりになるかもしれないわけです。

「自己呈示」のプロは、詐欺師がその典型です。

金持ちを気取ったり、職業を医師と名乗ったりして周囲を信用させていきます。「権威」を身にまとうことで、「悪いことはしない人」というイメージを創り、立派な言動で人格者を装い、爽やかな笑顔で気さくな人柄を演出して信頼を獲得し、巧妙に金品を騙し取ってはトンズラを繰り返します。

被害にあった人は、一様に「まさかあの人が……」となるわけです。

人間は思い込みの動物――です。自分のイメージをよくしておいて損はないのです。

テクニック065

騙したことがバレても相手に恨まれない

「実はこんな不幸な出来事が……」

他愛のないウソをついてバレた時は、バツの悪い思いをするだけですみますが、それが原因で大きな損失が生じた場合は騒動となり、相手からも終生恨まれるでしょう。

ウソをつくのは他人のための場合もありますが、たいてい自分の利得のためだからです。

女性「何で奥さんも子供もいるのに、アタシに独身だなんてウソついてたのよ！」
男性「悪かった。きみと付き合いたいために、どうしても本当のことがいえなかったんだ」
女性「どう責任取るつもりよ！　奥さんとちゃんと離婚して、アタシと結婚してよね！」
男性「そ、それはちょっと待ってくれ……、オレもそのへんはちゃんと考えてるから、な」
女性「な、じゃないわよッ！　アタシ、奥さんに直接話しをつけに行くわよ！」
男性「やっ（汗）、そ、それだけはちょっと待ってくれよ、な、ちゃんとするからさ……」

たいていこういう修羅場が訪れ、男はオロオロするばかりで事態はますますこじれます。ウソがバレた時には、それを覆い尽くしてしまうほどの、もっと大きなウソで「不幸な出来事」を演出しなければいけません。ウソをついても仕方がなかった——と思えるだけの「不可抗力かつ不幸な出来事」をあらかじめ創作しておけばよかったのです。

男性「すまなかった。実は今、妻は腎臓ガンのステージ4で入院中だ。手術は不能で5年生存率は15・9％。もう余命いくばくもないんだ。きみと知り合った時には、妻と別れようと真剣に考えた。しかし、妻にガンが見つかってから、それはあまりにも残酷だと思ったんだ……。亡くなった妻の両親は、埼玉の地主だったので、妻は数億円の土地資産を相続している。このまま妻が亡くなれば、オレと息子がそれを相続することになる。きみとは、それから結婚しても遅くはないと思うんだけども……」

これぐらい大きなウソをかましておけば、この女性もジタバタしないのです。「目先の損失確定は回避したい（21頁）」——という人の習性は、愛人の立場で我慢させるでしょう。

テクニック 066

ウソがバレそうになった時の防御法

「何でそう思うの?」

会話の途中で、「それってウソだろ?」などと唐突にツッコミを入れられた人は動揺します。

「いや、ウソじゃないですってば…(汗)」などと反論してくるのがふつうです。

さらに、突っ込んで攻め立てた時に、まばたきの回数が増えたり、早口になったりすると、「ああ、やはりコイツはウソをついているな」などと判断されるでしょう。

正直な人ほど、ウソがバレそうになった時、身体反応が過剰になるからです。

こんな時に、覚えておくとよい局面打開法があります。

「なぜ、そう思うの?」「何でそう思ったの?」と逆質問するのです。

「何で?」と人は質問されると、無意識にその質問に答えなければと思うからです。

すると、とっさの時間稼ぎができて、ウソを否定する言い訳を考える時間が生まれます。

そこから反撃に移っていけば、うまく取り繕って局面打開にもつなげられるのです。

妻「あなたのカバンから、10万円のバッグのレシートが出てきたけど、これ何？」
夫「えっ！　や、そ、それは……（汗）、な、何でもない。関係ないよ……はは……（汗）」
妻「どゆことよ！　また、どこかの女の子に買ってあげたんでしょ。関係あるでしょ！」
夫「やっ……（汗）、な、何でもないよ。な、何できみ、何でそう思うの？」
妻「え？　だって前にキャバクラの女の子の誕生日にスタンド花を贈ってたじゃない」
夫「あ、あれは、だから……接待でお世話になってる子に、付き合いで協力しただけでしょ」
妻「あら、これ、エルメスって書いてあるわよ。こんな高いものを……」
夫「だからさ、レシート1枚ぐらいで、な、何でそう思うのよ？　おかしいでしょ？」
妻「これ、クレジットカードの支払い票のレシートなのよ。あなたが払ってるじゃない」
夫「えーとですね……。それは、うちの会社から得意先の社長の奥様へのプレゼントです」
妻「え？　そーなの？　でも、それ、あなたが買ったんでしょ？」
夫「そう、ちゃんと領収書のほうは、会社の経理に提出済みなの。ね、関係ないでしょ」
妻「へーっ、そうだったの……。ふーん。そんなら、いいけども……へー……（納得）」

テクニック
067

「失敗」をリセットする

「実は○○の事態になりました！」

ミスや失敗は、誰にでもあることですが、多大な損害を発生させると、「申し訳ありません」だけでは済まなくなります。あとあとまで、相手に「失敗」の記憶が残るからです。

A 「部品が届かず、工場がストップしてるんだぞ、どうしてくれるんだよ！」

B 「サイズが違ってるから組み立て不能だろ、大至急もう1回作り直せよ！」

Aは、注文入力を忘れ、納品日に部品が届かず工場の稼働をストップさせたケースです。

Bは、仕様書にあった数値を読み違えて部品を製造し納品してしまったケースです。

いずれのケースでも、取引先のスケジュールまで狂わせ、相手は大激怒でしょう。

個人での賠償の義務はなくても、サラリーマンなら出世の見通しさえ暗くさせます。

Aの場合には、「入力を忘れていた」という真実の理由を伝えると、相手とはさらに揉めるでしょう。相手を軽んじている印象が強まりますから、相手をよけい刺激し激昂《げきこう》させるのです。こんな時は真実の理由を伝えないほうがリセットしやすくなります。

「トラックが事故を起こし、積み荷も大破しました。至急、再搬送の手配をしておりますから、どうか今しばらくお待ちください」などと、不可抗力の事故のせいにしたほうが、相手も「仕方ないな」と矛を収めやすくなるからです。ウソも方便というわけです。

Bの場合は厄介です。何しろ、メールで送られてきた仕様書には、数値の記録も残っています。言い逃れはむずかしく、数値の取り違えという人為的ミスを認めざるを得ません。平謝りするしかないわけですが、相手の記憶を少しでも薄め、失敗をリセットさせるには、ここでも「不幸な出来事」や「悲しい事態」の創出が役に立ちます。

少しほとぼりが冷めたころを見計らい、相手に自分の個人的災難を伝えます。**「実はあの時、泥棒に入られ大変な被害でした」「妻の実家が火事で全焼でした」**などです。相手は、担当者がペナルティを受けたように感じ、その同情から記憶を薄めてくれます。

テクニック
068

「価値ある自分」を印象づける

「もしよかったら!」

人に親切にするのはよいことです。

しかし、いつでも誰にでも親切にしていればよい——というのは間違いです。

人は増長する生き物——だからです。

同僚A「真由美ちゃん、この伝票の入力、今日中にお願いね!」

同僚B「あのう、岡本さん、ご自分の仕事は、ご自分でやってくださいよ……」

同僚A「え? どゆこと? いいじゃん、今までやってくれてたじゃん、頼むよ!」

同僚B「アタシ、今週はもう、自分の仕事だけで手一杯ですから……」

同僚A「ちぇっケチだな。きみを見込んで頼むのに……、いいよ、わかったよ!(イラッ)」

このように、いつのまにか、「ありがた味」がなくなってしまうわけです。

今まで手伝ってあげていた恩すら忘れられ、捨て台詞を吐かれる羽目にも陥るのです。「価値ある自分」を印象づけておかないと、こうして舐められます。

同僚A「真由美ちゃん、この伝票の入力、今日中にお願いね！」
同僚B「あれ？　今日中？　残念ですけどそれは無理ですよ。来週ならいいですけど」
同僚A「えっ？　無理なの？　来週って、それじゃ今月の〆日過ぎちゃうじゃん！」
同僚B「ごめんなさいね。今週仕事が手一杯なんですよ」
同僚A「ガーン！　きみが1時間でできる入力作業でも、オレは半日かかるよ……（涙目）」
同僚B「うーん、じゃ何とか……早朝出勤で、〆日の木曜までにやってあげましょうか？」
同僚A「お？　やったーッ！　超嬉しい！　ありがとッ！　お礼にメシおごるからね！」

期待がはずれ、ネガティブ状況になったところでポジティブ展開の希望が示されると、感激もひとしおとなるでしょう。いったん依頼を断わったのち、救いの代替案を示すと「価値ある自分」が印象づけられるわけです。これを「**ロストゲイン効果**」と呼んでいます。

テクニック069

自分の価値を高く見せる

「いろいろ頑張った結果です!」

人から「スゴイ奴!」「できる奴!」と思わせるにはコツがあります。

まず、むやみに正直な「自分語り」をしないことです。

人と親しくなるためには、自分の「人となり」を相手にわかってもらうことも大事ですが、何でもかんでも、あけすけに自分をさらしてしまうと、「なーんだそうだったのか!」「大したことないな!」と思わせてしまうからです。

ビジネスの現場でもそうです。自分の弱みや弱点を平気でさらすと価値を落とします。

自分「オレと同じ鹿児島出身の社長で話が盛り上がってね。大口契約が取れたんだよ」
相手「なーんだ、そうだったのかよ。そりゃ、超ラッキーな展開で運がよかったな」

※　※　※

自分「オレは三流大学だけど、親戚のコネがあったんで、今の一流企業に入れたんだよ」

相手「なーんだ、そうだったのかよ。お前コネ入社だったのか、謎が解けたよ」

育ちのよい人は、世間の荒波をくぐっていないため正直ですが、これでは舐められます。

自分「あの手、この手で苦労して作戦を練ってね。ようやく大口契約が取れたってわけさ」

相手「へーっ、お前って執念深くてスゴイな。今度作戦の立て方を教えてくれよ」

※　※　※

自分「過去の根性体験を披露したら、スイスイ面接を突破して入社できたよ」

相手「へーっ？　お前って三流大学なのに、根性体験がいろいろあるんだ、スゴイな」

ラッキーな展開で大口契約が取れたり、コネなどの裏ワザで成功すると、つい浮かれ気分で本当の事情を話しがちですが、自分の価値を上げたかったら、こういうべきなのです。

マジシャンは、手品のタネあかしはしないものです。教えた途端、「なーんだ、そんな仕掛けか！　クソ、まんまと騙された！」などと、「尊敬」から「軽蔑」に変わるからです。

テクニック

070

「黒い噂」で意地悪な相手の気勢を殺《そ》ぐ

「あなたは○○でしたね！」

自分の職場に、「イヤな相手」「苦手な人物」がいると答えた人は、あるネットリサーチ会社のレポートでは、男性約65％、女性約62％にのぼっています。

心理学の「返報性の原理」になぞらえれば、きっと相手もこちらのことを「イヤな相手」「苦手な人物」と認識している可能性が高いでしょう。「悪意の返報性」というわけです。

こうした人物は、あなたにとって大きなストレスになっているはずです。

とりわけ、あなたに対して意地悪な仕打ちをしてくる相手だと、対等な関係や平等な立場から離れ、「隷属」を強いるものにさえなっているはずですから、心の負担は相当耐えがたいものになってくるでしょう。

そんな相手を撃退・撃沈する裏ワザを知っておきましょう。

ポイントになるキーワードは「**人間誰だって叩けば埃《ほこり》の出る存在**」ということに尽きます。相手の弱点、弱みをよく観察し探し出すことです。あるいは、怪しい行動を洗います。

かつて、経営者側が、苛烈《かれつ》な要求を繰り返す労働組合を潰す際には、探偵を雇い、組合リーダーや幹部の私生活の醜聞を徹底的に洗い出して暴露する——といった攻撃的手法が採用されたものでした。

愛人の存在、夫婦仲が悪い、変態趣味がある、金遣いが荒く出所が不透明、持病がある、親族が反社会的勢力に関わっている、問題のある家族がいる……こうした事柄を暴露したり、経営者側が一対一の交渉の席でブラフ（ハッタリ・威嚇）として使ったのです。

自分の弱点や、知られたくない秘密が露見しそうだと、人はたちまち「萎縮《いしゅく》」します。気勢が殺がれ、自信を持った行動ができなくなるのです。

たとえば、そっと相手のカバンや机の中に「経費の水増し」「ゴマスリ」「不倫」「虚偽報告」「部下へのセクハラ」などと、奇妙な文字だけが記された紙片を時々忍ばせておくだけでも効果があるでしょう。心底ドキッとするはずで、事実であればなおさらでしょう。

犯人が不明・誰かに恨まれている——という不気味な敵への戦慄《せんりつ》が心を不安にします。パワーが殺がれ、自己肯定感が揺らぎ、自分の行動を省みるキッカケにもなるわけです。

テクニック071

「イジメ」に対峙する

「イヤです」「無理です」「○○に報告します」

もし、あなたに対し、イジメとしか思えない言動をする相手がいたならば、早目の対処がおすすめです。こちらが無抵抗で、相手に対して唯々諾々《いいだくだく》と服従的態度を取っていると相手は増長し、イジメをエスカレートさせる可能性が高いからです。

イジメを行うのは、こちらを弱い相手と認識しているからに他なりません。

したがって、こちらが逆らってこない――ということが前提条件になっています。

逆上して刃向かってくる人間だったり、反撃をしてくる人物には、怖くてイジメは行えないからです。暴力団に喧嘩を売る人がいないのは、相手が怖いからです。

こうした弱い者イジメを行い、隷属を強いようとする人物は、屈折した心理を抱えています。こちらに対して何らかのコンプレックスを持っていたり、妬《ねた》ましい思いが自分の中でコントロールできず、つらく当たって自分の優位性を確認しているのです。

ほんの少しの勇気を奮い、相手のイジメに対して「抵抗」を示すことが大事です。

同僚A「よう、今日の昼メシ、おごってくれよ。オレ、金なくなっちゃったんだよ」
同僚B「え？　いや、ぼくもないから無理だよ……(汗)」
同僚A「あれ？　お前さあ、オレにいつも世話になってるよな？　それはないんじゃゃね？」
同僚B「今までずいぶん、おごらされたけど……、これ以上は無理だから……(汗)」
同僚A「え？　ざけんなよ、お前。じゃ、これからお前の面倒見ねえぞ、いいのかよ？」
同僚B「あの、これまでのことを、部長にすべて報告しようと思ってるから……」
同僚A「えっ、ちょ、ちょっと待てよ……、お前、そ、それはちょっと……(汗)」

このように、イヤなことに「イヤ！」、無理なことに「無理！」ということが大事です。自分の率直な感情を出すだけで、相手の反応も変わるからです。さらに迫ってきたら「◯◯に報告する」旨を伝えましょう。たったこれだけのことで、状況は変わるはずです。

テクニック
072

赤色で異性に対する自分の魅力度をアップする

「赤いネクタイで来ました」

色彩心理学は、世界中で研究がすすんでいます。
中でも近年は、「赤色」の影響力に注目が集まっているのです。

赤いTシャツなど赤い服を着たり、赤いネクタイやスカーフを身に着けている人は、異性から見て性的魅力度・興奮度が増す——という実験結果が次々報告されているからです。

2008年の米国ロチェスター大学の心理学教室では、同一の女性に赤、青、黄、緑、グレーなど、さまざまな色の服を着せたり、背景の色だけを変えた写真を男性に見せる実験をしたところ、赤の服や赤の背景の時だけに、「最もセクシーに見える」「セックスしたい」という男性の性的興奮度が高まる反応が表れたそうです。

また、女性の美貌の度合い別に試した実験でも、美貌の上・中・下のいずれのランクとも、赤いTシャツや赤い服を着た女性は、男性から見た「魅力度」が増しています。

とりわけ興味深いのは、美貌が上レベルと下レベルの女性よりも、中レベルの女性の魅力度が、赤を身に着けると飛躍的にアップする——という結果なのでした。

美人でもなく、不美人でもないふつうの女性が合コンに行く時には、赤い服や赤いスカートを身に着けていくと、モテ度が大幅にアップする——ということがわかります。

米国のレストランでの、ウェイトレスにさまざまな色のTシャツを着せた実験でも、赤いTシャツを着ている時がチップの額が一番多くなった——という結果になりました。


では、男性が、赤いシャツや、赤いネクタイを身に着けた時では、女性の反応はどうなのでしょうか。これも、単純に魅力度がアップすることが証明されています。

赤い服や赤いネクタイを身に着けた男性は、女性から、「地位が高く、将来成功する可能性が高い人に見える」——ということだったのです。

手っ取り早く、自分を魅力的に見せたい人は、男女ともに「赤」を身に着けることです。

テクニック 073

黒色で自分の存在感・重厚感をアップする

「黒系で統一しています」

自分のイメージを服装で演出する際、気をつけたいのはカラーコーディネートです。色が与える心理作用は、いろいろな意味で大きいからです。

たとえば、私たちが何気なく利用しているファストフードの店内をよく見ると、室内の天井や壁に暖色系の色が使われていることが多いでしょう。

赤系をはじめとする暖色系の茶色やクリーム系の色は、落ち着きを感じさせるとともに食欲を誘うものとされています。そのうえ暖色系の色合いは、長く滞在した――と実感させる効果も高いとされます。つまり、ファストフード店は回転率が勝負なので、お客が食事を済ませたら、すでに十分長く滞在した気分になってくれないと困る――わけです。

いっぽうで、青をはじめとした寒色系は、クールで清潔なイメージを与えます。鎮静作用もあるので、病院の待合室などには、もってこいの色というわけです。

「色」が人間の心理にもたらすイメージ

★赤……興奮、情熱、怒り、歓喜、炎、太陽、積極性、躍動感
★青……鎮静、清潔、厳しさ、爽快、海、空、安定性
★黄……注意、明朗、闊達、愉快
★緑……森、自然、安心、息吹、新芽
★黒……重厚、剛毅、不屈、厳格、格調、風格
★白……清潔、純潔、純真、雪、雲

ところで、色には重量感、重厚感を与える作用の強い「黒系統」もあります。

黒系の衣服をまとっていると、存在感、重厚感が増すのです。

心理学の実験でも、白で梱包した場合、薄い緑で梱包した場合、黒色で梱包した場合といった同じ重量の荷物を手で運ぶ際、黒が最も重く感じられて白の1・5倍の体感重量となり、反対に薄い緑は実際の重量よりもさらに軽く感じさせ、黒と比較すると薄い緑は、1・8倍も軽く感じさせる――という結果が報告されています。

黒系の色を身に着けると自分の存在感を増し、重厚感を高める効果が見込めるわけです。

テクニック
074

自分を大きく見せる

「自分は重要な存在だ」

自分の存在感、重要感、重厚感を相手に感じさせることは、人生でとても大切です。存在感が薄く、無用感、軽量感が漂っていたのでは出世に縁遠くなるばかりか、真っ先にリストラ対象にさえなりかねないからです。自分の存在感を差別化し、際立たせることは、イメージ戦略上も避けて通れない、人生の大事な要素になっているのです。

自信あふれる態度、明るい存在感――を身につけるにはどうしたらよいのでしょう。

まずは、そういうフリをすることが第一歩になるでしょう。真似をするのです。

周囲に、お手本になるような人がいなければ、自分で頭にイメージを思い描き、そういう人物の行動をとるようにすることです。

人や類人猿は、落ち込んだり、自信が持てない時や、疲れた時に頭が下がり、体が丸くなり、口元もへの字になります。傍目からも元気のなさが、すぐにも見て取れます。

こういう姿勢をつねに意識的に取らないようにすることが重要です。頭を上げ、顎《あご》を引き、背筋を伸ばして大きく手を振って歩き、椅子に座っている時にも堂々と足をやや広げ、重心を低く保って構えるようにすることです。

19世紀の古典的心理学理論には面白い学説があります。**「身体情動説」**というものです。米国のウィリアム・ジェームズと、デンマークのカール・ランゲという心理学者が唱えたもので、**「人は悲しいから泣くのでなく、泣くから悲しくなる」「楽しいから笑うのでなく笑うから楽しい」「怖いから逃げるのでなく逃げるから怖くなる」**という趣旨なのです。

口元をギュッとへの字に曲げていたり、唇を前に尖らせていると、だんだん不機嫌になり、不満が溜まっていきます。反対に、歯を見せるぐらいに口角を広げて笑う表情を続けていると、だんだん明るい気分になっていくでしょう。お試しください。

この要領で、形から入っていくだけであなたのセルフイメージを創っていくのです。

あとは「どんどん自信が湧いてくる」といったアファメーション（自己暗示）を心で唱える習慣を持ち、自分の存在は大きい——という思い込みをつくっていくことなのです。

テクニック 075

「手抜き仕事」をカムフラージュする

「こんな点も配慮しました」

「手抜き仕事」は、バレると信用を失います。「アイツはテキトー男」だとか、「あの業者はウソつき」というレッテルを貼られると、その後の前途が厳しくなるでしょう。

しかし、単発の仕事だと、業者も「もう二度とここから仕事を受けることもないからな」という安心感から、手抜き仕事もやり放題になります。

たとえば、一般住宅の外壁リフォームなどは、ペンキの3度塗りが標準仕様にもかかわらず、2度塗りで済ませても素人にはまったくわかりません。

なので、そのぶん平気で職人の手間賃と塗料代を浮かせる業者も少なくないわけです。

そんな手抜き工事をやられると、10年も経たずに塗料が剥げたり浮いたりしてきます。

それでも、作業後に一言付け加えておくと、「いやあ、いい仕事をしてもらえた」とお客は喜んで勘違いしてくれるのでチョロイもの——となるのです。

業者「鉄部のサビ落としは、特に入念にやっときましたから、光沢が違うでしょ？」
お客「なるほど、たしかに光り方が違いますね。いやあ、いい仕事をしてもらいました」

たった一言付け加えるだけで、よりよい印象に変わり、感謝されたりするわけです。
ゆえに、「手抜き仕事」「ヤッツケ仕事」をやった時には、特にこのカムフラージュを忘れてはいけません。カムフラージュの一言を付け加えれば、そこに注意も逸《そ》らせます。

部下「課長、例のレポートです。属性分布のデータをわかりやすく分類しておきました」
上司「おお、そうか、そりゃありがとう。役員にアピールするにはそのへん重要だからね」

実際にはテキトーなデータでも、一言配慮した点を述べれば、その工夫が尊ばれるのです。「**プライミング効果**」といって、「呼び水」「起爆剤」の役割を果たします。
デートで、汚いラーメン屋に彼女を案内する時にも事前に使うとよいでしょう。
「見かけは汚いラーメン屋でも、ネットランクで3年連続味のベスト3に入る店なんだよ」

テクニック
076

男性が執着・依存したくなる女性になる

「アタシを守ってくれるの？」

一般にカップルの恋愛ボルテージは、男性と女性とで違いがあります。

男性は、女性との付き合いはじめに、最も女性へのボルテージが高くなり、以降は徐々にボルテージを下げていきます。いっぽう女性の場合は、付き合いはじめは男性へのボルテージが低くても、付き合うにつれて高まる傾向にあります。

つまり、男性は、女性を口説くのに成功すると、「釣った魚にはエサをやらない」――とよくいわれるパターンにはまりやすいわけです。付き合いはじめるまでは、女性への執着・依存心理を強めた男性も、付き合いはじめると、素っ気なくなることが多いのは、こんな心理作用があるからです。男性には、太古の昔からの狩猟本能がＤＮＡに宿ります。

したがって、獲物を仕留めると達成感が満たされるのです。

次の達成感を得るべく、浮気に走る男性が少なからず存在するゆえんでしょう。

では、こんな男性を、女性に執着・依存させるよう仕向けるにはどうすべきでしょうか。

まずは、男性が嫌う女性の特徴を知り、その逆タイプを心掛けることからはじめます。男性が嫌いなタイプの女性は、わがまま、下品、男勝り、批判的、疑り深い…などです。したがってその逆の、**「癒し」「上品・優美」「母性的」「従順」「疑わない」**…などの特徴を感じさせる努力が必要です。とりわけ男性は女性の下品さを嫌うので注意しましょう。これは女性が男性を見限る時、下品な女を演じれば男性が離れるので重宝でもあります。

さて、男性の好むタイプを心掛けると同時にマンネリムードを作らないことが大事です。**付き合っている女性に対して、相手の男性に執着心・依存心を抱かせるためには、女性が逃げていくかもしれない——という不安心理をあおることも必要でしょう。**

着飾って男友達と会う、別の男性に告白されたと打ち明ける——などで嫉妬心を掻き立てる他、いろいろな悩みごとの相談をして男性を心配させたり、手がかかる女性と思わせることも有効です。女性に頼られると「守らなければ」という庇護《ひご》意識がくすぐられると同時に、手をかけた女性は**「サンクコスト効果」**で手放したくなくなるからです。

テクニック
077

女性が執着・依存したくなる男性になる

「オレに任せてついてこい！」

男性は、総じて女性の心が読めません。

女性が非常にデリケートで情緒的なのに対し、男性は、理屈で女性心理をとらえようとするからです。そもそも女性心理を理屈で理解しようとしても無理なのです。

「女心と秋の空」という有名なたとえがあるように、女性は情緒的ゆえに移り気です。

男性は、まず、女性に嫌われないタイプの「男性像」を覚えておくことでしょう。

女性が嫌いなタイプの男性は、清潔感がない、言動が下品、金銭にだらしがない、責任感がない、プライドが高く偉そうな態度、自慢話をする、批判や愚痴が多い、説教する……など、同性から見てもどうかと思うような男性が嫌いな対象になっています。

女性はこうした特徴とは対極にある、「知性的」「行動的」「安定的」「野性的」といった本来の男らしさを求めています。

つまり、基本的に女性は受け身の立場ですから、自分を守り、安定的な生活が送れるかどうかの基準を、男性を見る時の最低ベースの尺度として持っているわけです。

女性と付き合っている男性は、そのへんに気をつけるべきでしょう。

女性の場合、突然男性を嫌いになった――というように見られることがありますが、女性は誰かを突然嫌いになるわけではありません。

男性は加点方式で女性を見ることが多いのに対して、女性は減点方式なのです。

ある日、女性の許容限度点を下回る行動を男性に見てとり、その結果男性が嫌いになるのです。つねに、男性は減点されていることを意識して女性と接するべきなのです。

日頃から女性に対し上から目線で、「お前、バカだもんな」「オレの元カノを超えるような女になれよな」などと、軽い調子で付き合っている女性を侮辱し続けていると、突然「別れ」を切り出されるわけです。

男性が付き合っている女性を惹きつけておくためには、つねに前述の男らしさのキーワードを意識し、それを向上心で磨き続ける姿勢を垣間見せる《かいまみせる》ことに尽きるのです。

テクニック078

他人を自分に執着・依存させる

「本当のきみは○○だよ」

誰かを自分に「執着させる・依存させる」という心理トリックを施すためには、相手の自己肯定感が低くなった時に近づいて、心の振幅を共鳴させるというのが最も有効です。

大きな失敗をして落ち込んでいる、持病に苦しんでいる、家族の問題に悩んでいる、恋人に捨てられた、受験や就職に失敗した、借金苦に陥っている、浪費癖がやめられない……などなど、自信をなくし、将来に失望している時、人は自己肯定感が持てなくなります。

「オレはなんてダメなんだろう」「アタシってどうしてこうなんだろう」と自己評価が低くなった時に、誰かが近づいてきてあれこれ慰められ、励まされると、思わずその人にすがりつきたい心境にもなるわけです。

カルト宗教や占い、ヤクザ組織や恋人商法は、こういう心理に陥っている人に優しく近づき、救いの手を差し伸べて、思い通りに操ります。

いずれにしろ、職場などで自己評価が低くなっている人がいたら、積極的に近づいて共感してあげることは立派な人助けでもあるでしょう。
そんな時には、ついでに依存心理を誘発するセリフを使ってみるのも一法です。

「本当のきみは違うよね」「きみの未来がわかる気がする」「きみのこれからを占おうか」

こうしたセリフは、続きが聞きたくなります。予言者のようなセリフだからです。
あたかも自分の将来を見通せるかのようにいわれると、心が揺さぶられるのです。

「今は孤独感に覆われた心境だろうけど大丈夫。1週間後には晴れ間が見えてくるから」

こうした希望的暗示を、自己肯定感の下がった相手に確信を持って伝えてあげましょう。
1週間もしたら、誰だって心境の変化があるのは当然なのですが、心に晴れ間が見えてきた時、このセリフが思い出されるからです。「あの人の言った通りになった」という心理が、いつしか頼るべき人という印象に変わります。ここで依存心理が芽生えるわけです。

テクニック
079

有益な事前情報を伝えて「好感度」の高い人物になる

「ご存じですか？」

「接種理論」と呼ばれる心理作用があります。

事前に有益なマイナス情報を得ていると、説得されにくくなる――という予防接種のようなはたらきなのでこう呼ばれます。有益情報がワクチンのように効くわけです。

「あの店は、明朗会計じゃないから行かないほうがいいよ」
「彼の話は、かなりオーバーだからね。割り引いて聞いたほうがいいよ」

こうした警鐘を鳴らす有益情報を事前に聞いていれば、騙されることもありません。
有益な情報を事前にもたらしてくれる人は好印象になるゆえんです。

お　客「5年前に買った投資用マンションが値上がりしたので近々売却し、身軽になろうと思うんです。たしか、5年保有で売却益の税金が安くなるんですよね？」

担当者「そうです。5年以上の長期譲渡所得で税金が約4割から約2割に下がります」

お　客「今月でちょうど5年なんですよ。いやあ、マンション投資って儲かりますね！」

担当者「あ、それ、ちょっと間違えてますね。期間の計算は売却した年の1月1日時点にさかのぼり、それ以前の5年以内に購入してると短気譲渡所得になるんですよ。つまり、お正月を6回越えていないと、税法上5年の長期譲渡所得にはならないんですよ。売るなら来年の1月1日以降にしないと税金がっぽり取られますよ」

お　客「えっそうなの？（汗）税金2倍になるとこだった。教えてくれてありがとう！」

このようにとても感謝されるでしょう。ただし、あとからの有益情報だと、とんだ逆効果で逆恨みされますから、いわぬが花になることを覚えておきましょう。

同僚A「え？　知らなかったの？　あいつは詐欺師だよ。まんまと騙されたね、きみ！」

同僚B「何で教えてくれなかったんだよ、お前。不親切極まりない奴だな！　くそっ！」

テクニック 080

自分への興味・関心を抱かせる

「ん？ オレと同じモノ使ってる！」

同じ職場にいる、気になる「あの人」に注目されたいけれども、こちらから近づいていくのには、ちょっと抵抗がありすぎる――そんな時、「あの人」のほうから、自然にこちらに注目してもらい、興味・関心を抱いてもらうのによい方法があります。

まずは、本人がいない時に、その人の机周りを時々チェックしておきましょう。

どんなグッズがあるかで、その人がどんな分野に興味・関心があるかがリサーチできるでしょう。いつもポッキーの箱が転がっていたり、読みかけのビジネス本、欧州サッカーリーグ選手の卓上カレンダー、ＡＫＢ48の押しメンのシールが文具に貼り付けてあったりするかもしれません。小さな特定キャラクターのぬいぐるみが飾られていたり、特殊な文房具が置かれていたり、観察するほどに人物の人となりが浮かび上がってくるでしょう。

あるいは、その人がどんな分野に詳しいのか――とか、どんな趣味があるのか――など、周辺から拾ってきた情報なども役立ちます。

情報収集ができたら、あなたの机にもそれらと同じモノや関連モノを配置しておきます。

そばを通りかかった「あの人」は、一瞬にしてそこに、自分の持ち物と同じグッズを発見し、「アレ？」と注目します。そしてあなたに自分と「同類」のような親しみを覚えます。

あるいは、「あの人」に聞こえる場所で、あなたが誰かと、「あの人」の持っていた本の話や、ＡＫＢの押しメンの話題を口にしてみるのでもよいでしょう。

少し、離れた距離でも、「あの人」はあなたの話す話題に耳をそばだてるからです。

こんなことを何度か繰り返していると、「あの人」から、あなたに必ず声がかかります。

「○○さんて、サッカーに興味あるの？」「○○さんて、ポッキー好きでしょ？」などです。

こうなれば、話は早いでしょう。急速に親しみの持てる関係が構築できるからです。

これは**「カクテル・パーティ効果」を利用した「あの人」への接近法**です。

騒々しいパーティの会場では、特定の人の声や特定の名称など、自分の興味・関心のある話だけが聞こえることがあります。聴覚に左脳が敏感に作用するからだといわれます。

同じように、自分の関心のあるモノなどには、視覚においてもこの効果がはたらきます。

「あの人」の聴覚や視覚が、あなたの話題や持ち物に反応し、近づかせる原理なのです。

テクニック
081

「真面目さ」を見せつけて味方をつくる

「すみません、メモさせてください」

上司との会話や、取引先との商談中に、カンタンにできる自分自身の「好感度アップ法」があります。

それは、「**あっ、それ大事なお話ですね。メモさせてください**」といって、すぐさま手帳とペンを取り出しメモを取りはじめることなのです。

なーんだそんなことか――とお思いかもしれませんが、あなたが会話中の相手から、「いいお話ですね。それちょっとメモさせてくださいね」といわれ、メモを取られたら、きっとあなたも気分がよくなるでしょう。

もちろん、わざとらしくやったのでは、下心が露呈してしまいます。

あくまで自然に、ここぞという時に「メモさせてください」ということが大事です。

メモを取るというのは備忘のためですが、後学のために――という姿勢は謙虚です。

重要と感じた話だからこそ、記録に残し勉強したい――という衝動に駆られたわけです。

※自然な形で「ここぞ！」という場面でやると「好印象」に！

「真面目な人」「几帳面《きちょうめん》な人」「こちらの立場を尊重する人」という「よいイメージ」がたちまち刷り込まれることになるわけです。

新入社員などは、上司からたちまち気に入られる所作になること請け合いです。

ただし、次のような具体的セリフにこだわったメモの取り方は、相手の「言質《げんち》を取る」「あえて記録に残す」といった不快な「威嚇」の意味合いになるので、もちろんNGです。

「あ、それメモさせてもらいますよ。えーと、納期に遅れたら賠償金払う……ですね」

「消費税は内税扱いの支払いで了承すること。中小企業庁にタレ込みもしない……とね」

テクニック
082

手っ取り早く自信をつける

「どう？　堂々と見えるかな」

人間は、他人と比較しながら生きています。

「オレは全然そんなことはない。自分と他人を比較したりはしないよ！」などと、どんなに自信を持っていても、いざという場面では強烈に他人との比較を行ってしまうのです。

職場の同僚が超一流大学出身者ばかりで、自分が二流大学卒だと引け目を感じますし、イケメンで背が高いメンバーから合コンに誘われても、自分だけが背が低く太っていたら、断わろうと思うものでしょう。

また、カジュアルな服装でパーティに行った時にも、出席者がみんな正装だったら、これまた穴にでも入りたい気分になります。

たかが服装ごとき——と強がっていても、周囲のムードには気後れしてしまうのです。

自分で考える自分そのもののイメージ（自我＝アイデンティティー）が、何だか周囲より見劣りすると思うと、たちまち揺らいでしまうからです。

このように、他人との比較を意識せずには、生きていけないのが人間なのです。

では、手っ取り早く、自分の自我を取り戻し、自信をつける方法はないのでしょうか。

「拡張自我」という概念を利用する手があります。

自分の服装や持ち物（バッグや時計、クルマなど）、家族、家柄、学歴、職業、ペットなどに見るべきものがあれば、それらも自分の自我ととらえ強く意識すればよいのです。

「拡張自我」の概念に従えば、気後れするような場所に行く時には、まずはスーツや時計、カバンや靴など、身の回りのモノを高級ブランドで固めてしまえばよいのです。

美女の彼女がいたら、一緒に連れて行って、そばにはべらせるのもよいでしょう。

これも「拡張自我」の中に含まれてくるからです。

「素敵なカバンですね」「ロレックスのデイトナですね」「アルマーニがお似合いですね」「彼女可愛いね」…こんな感じでほめられたら、みるみる自信も湧いてくることでしょう。

自分にとって都合のよい「拡張自我」を意識すれば、堂々としていられるのです。

ちなみに、他人の「拡張自我」をほめるのも、お世辞に聞こえにくいのでおすすめです。

テクニック
083

同調行動から脱却して「威厳」と「優位性」を保つ

「ちょっとね!」

同期の新人同士で帰りがけに1杯やろうと約束していたのに、退社時刻になっても相手の姿が見えないとキャンセルかと不安です。やっと戻ってきた同僚との会話が次です。

同僚A「やあ、悪い悪い、待たせたね。じゃあ、飲みにいこうぜ!」
同僚B「ところでお前、どこ行ってたの? 30分も姿が見えないから心配してたよ」
同僚A「ああ、田中専務に呼ばれてたんだよ。専務の話って長いだろ、すまんすまん」
同僚B「えっ、お前、田中専務と前から知り合いなの? ど、どういう関係?」
同僚A「うん、ちょっとね。いろいろ心配してもらってるんだ。それだけだよ」

こんな答え方をされるとますます謎めきます。これだけでお互いが新人同士なのに、同僚Bは同僚Aに1歩も2歩も先を越されていると思い、完全に気後れして飲まれるのです。

こんなわずかな会話から、今後同僚Aは、同僚Bから一目も二目も置かれるでしょう。

あるいは、同期の新人仲間から飲み会に誘われ、1人だけが**「ごめん、金曜日はちょっとヤボ用があるんで」**と断わってくると、同期の仲間は訝《いぶか》しみ、疑心暗鬼に陥ります。何かの勉強のために学校に通っているのか、それとも可愛い彼女と金曜日はデートなのかとアレコレ妄想するからです。自分たちより、何か先を越されているように感じ、不安になるのです。

さり気なく自分のバックに「権威」が存在するかのように匂わせたり、「謎の行動」をチラつかせておくと、新人の同期仲間が対象のような場合にはハッタリが効きます。

日本人は、「同調行動」が大好きな民族といわれます。「みんなもうやってるよ」「皆さんお揃いですよ」「みんな賛成ですよ」などといわれると焦って「同調」しがちなのです。

しかし、これに馴染《なじ》んでいると、十把一絡《じっぱひとから》げの安い存在感しかもたらせず、「威厳」も「優位性」も発揮できません。時々ここから脱却し、存在感を見せつけるべきでしょう。

さり気ない演出を、日々の行動にまぶしておくと、「アイツはスゴイ」感が漂います。

第5章

他人には教えたくない！
卓越した心理の裏ワザ

Weapon

テクニック
084

「社会的証明」を味方につける

「忙しいのですぐには応じられません」

男性トイレの朝顔便器の前の壁には、**「いつもきれいにお使いいただきありがとうございます」**といった感謝フレーズのプレートが貼られていたりします。

昔は、「トイレをきれいに使いましょう」などの呼びかけ調が一般的だったのに、なぜ、こうした感謝のセリフに置き換わったのでしょうか。

これは**「社会的証明」**といわれる心理現象を逆手に取った標語なのです。

「トイレをきれいに使いましょう」という上から目線の標語だと、「トイレをキレイに使わない人が多い」という印象が刷り込まれる結果、みんなと同じにキレイに使わなくてもどうってことない——と思ってしまいがちだからです。

トイレをキレイに使ってもらいたい——という施設側の希望が、この標語によって実際の状況や現実の「社会的証明」を表す結果となってしまい、標語の意味を果たさなくなってしまった例なのです。

ゆえにトイレはみんながキレイに使っている――という「社会的証明」になる「感謝のフレーズ」に換わりました。人は「みんなと同じ」という平均に従う習性があるからです。

標語が意味をなさなくなっている現象はあちこちで見受けられます。

「立小便禁止！」「芝生に入るな！」「落書きするな」「投票に行きましょう」などです。みんなここで立小便をする、芝生に入る人が多い、落書きする人が多い、投票に行かない人が多い――という「社会的証明」となって、私たちの行動をそちらに誘導するのです。

立小便の多い場所には「お地蔵さん」を置く、芝生には「農薬散布しました」の札を立てる、落書きの多い壁は絵柄の美しい壁に替える、投票者には高額懸賞金が当たる宝クジがもらえるなどの、「メリット」や「デメリット」をはっきりさせたほうがよいわけです。

「ヒマなんだ」「金欠で困っている」「ファストフードばかり食べている」……実はこうした発言も、あなたの「社会的証明」を物語らせる――ことにつながっているのです。

「忙しくて、すぐには応じられません」――こういうセリフがあなたを差別化するのです。

テクニック
085

「悪い情報」は「中立の情報」にして伝える

「邪推されない？」

自分に関する「噂」を聞かされると、心穏やかではいられなくなります。たいていが誤解に基づく、「悪評」だったりするからです。

同僚A「お前のことケチな野郎だって、西川がクサしてたぞ。飲み会の幹事やって、自分の支払う分をタダ同然にするように、会計をごまかしてるってさ」
同僚B「えっ？　冗談じゃない。前回5千円オーバーで、オレが立て替えた分を今回で精算したことをいってるのか？　あれは、みんなに了解してもらった話だよな？」
同僚A「うんそうだ。お前、毎回好き好んで幹事役とかやってるから変に疑われるんだよ」
同僚B「そんなインチキ呼ばわりされるなら、幹事なんて、もうやらねえよ！（怒）」

同僚Aは同僚Bのために、事実をストレートに伝えたつもりが同僚Bを激怒させます。

2つの事象が結びつく「連合の原理」

※美人秘書を従えたり、美女を連れた男は「デキるヤツ」のイメージに！

これでは、「西川」という人物だけでなく、同僚Aまでが、不快な人物として印象に刻まれることでしょう。こんな場合は、「中立の情報」にして伝えてあげるべきでした。

「毎回、飲み会の幹事役やるのって、何かの『役得』があるから——とか邪推されない？」

こう伝えれば、同僚Bにとっても「会計の透明性」や「店を選ぶ基準」などを、もっとオープンにしたほうがよい——という「気づき」に役立ったかもしれません。

「連合の原理」という、2つの事象を結びつける心理作用で、「よい情報」を伝える人物は好印象になり、「悪い情報」を伝える人物は悪印象になるのです。情報の伝え方は重要です。

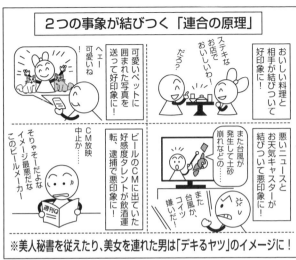

テクニック
086

「ポストイット」の活用で説得力をアップする

「よろしくお願いいたします」

付箋といえば、3M社製の「ポストイット」がその代名詞として一般的です。

3M社の研究員が強力な接着剤を開発中、偶然にも非常に弱い接着剤が生まれ、付箋に使うアイデアが生まれた――という逸話は「セレンディピティ（偶発的大発明・大発見）」の事例としても有名です。

おかげで付箋といえば、今では何度でも剥がせるこの糊付きが当たり前になりました。とても便利なポストイットですが、実は人間の行動心理にも大きな影響を与えます。

アンケート用紙を送る際、表紙に「ご協力お願いいたします」と手書きしたメッセージのあるポストイットを貼ると、回収率が75%にのぼったという実験結果があるのです。

実は、表紙に直接手書きで「ご協力お願いいたします」と書き込んだだけの場合の回収率は48%で、何も記さずアンケートだけを送った場合の回収率は36%でした。

ポストイットにほんのわずかのメッセージを書き込み、印刷物の上に貼りつけただけで、なぜ、こんなに相手の反応が大きく異なったのでしょうか。

しかも、この手書きメッセージが記されたポストイットを貼りつけたアンケートは、他のどのアンケートよりも、回答が詳しく丁寧だったというのです。

また、追加の実験により、ポストイットに感謝の言葉を添えたり、送り手のイニシャルを添える——といった、さらに親しみのこもった心配りをした場合には、回収率はもっと上がる——ということまで突きとめたのでした。

誰かに書類で、何かのお願い事や、依頼をする時には、ポストイットをあえて貼り付け、そこに添え書きをするとよい——ことがわかります。

親しみや心配りを見せるだけで、ここでも「返報性の原理」がはたらくからです。

職場で、領収書の束と一緒に経理に提出する「経費精算書」などにも、**「いつも、ありがとうございます」**などと添え書きしたポストイットを貼れば、処理の優先順位も早まり、少しぐらいの交通費の誤記ぐらいなら見逃してくれるようになるかも——なのです。

テクニック
087

「困った事情」を伝えればわがままが通る

「急いでるので」

しゃべりながら横並びで歩く人たちは、歩道を完全に塞《ふさ》いでしまいます。こちらが急いでいる時、目の前に人の壁があると、腹立たしい気分にもなるでしょう。こんな時、あなたはいつもどうしていますか。

①強引に列に割って入り、無言で足早にすり抜けようとする。
②「ちょっとすいません！」と声をかけて、すり抜けさせてもらう。
③「おいおい、アンタらさァ！」と不機嫌な声を出し、強引に道を開けさせる。

これらはいずれも、非効率でストレスのたまる方法です。トラブルにもなりかねません。

こんな時はひとこと、**「急いでるので、すいません」**と「急いでいる」という理由を告げればよいのです。

※こういう「送りオオカミ」には気をつけましょう！

「困った事情を伝えればわがままが通る」という心理作用がはたらきます。

「すいません、急いでるので先にコピー取らせてください」
「すいません、荷物で手が塞がってるので、ドアを開けてください」
「すいません、お腹が痛いので、席を譲ってくれませんか？」

急いでいる――などという理由の根拠が薄弱でも、多くの人が協力してくれます。

困っている人は助けてあげないといけない――という良心が刺激されるからなのです。

テクニック
088

小さなお願いを突破口にする

「ビール1本から配達料無料でお届けします！」

お客の数を増やしたい、販路を拡大したいと、やみくもに安売りチラシを撒《ま》いたり、飛び込み営業の数を増やしても、売上はそうカンタンには上がりません。

そんな時には、お客にとっての「利便性」を徹底追求してアピールするのも一法です。

たとえば首都圏で快進撃を続けるある酒販会社の例を見ておきましょう。

この会社は、**「ビール1本から配達料無料で、どんな酒類も格安でお届けします」**という1年中同じキャッチフレーズで、どんどん販路を広げてきたのです。

「ビール1本でも配達料無料！」、しかも「格安価格」で届けてくれるという安心コピーは、お客の心を鷲《わし》づかみにする強烈なインパクトがあるでしょう。影響力大なのです。

もちろん、地域を限定した狭いエリアでも、本当にビール1本だけの注文に応じていたら赤字になります。配達員の手間や人件費を考えたら、割に合わないのは当然でしょう。

しかし、少しの注文でも届けてくれる――という響きは、「ちょっと利用してみようか」

という顧客誘因効果には十分なることを、この会社は熟知していたのです。

酒類製品は重たいので、お客にとっての宅配はありがたいサービスになるからです。

この会社がこんなキャッチフレーズを打ち出したのは、心理学でいう「**フット・イン・ザ・ドア・テクニック**（**段階的依頼法**）」を狙ったものと理解できます。

人は、はじめに小さなお願い事をされて承諾してしまうと、次に少しずつお願いの水準を上げても要求を受け入れてしまう習性がある──というのが、この心理効果だからです。

「ビール1本でも注文ください」→「じゃ、1本だけお願い」→「またお願いしますね」

人は一度でも、相手のちょっとしたお願い事にOKすると、続けて次の小さな追加のお願い事をされても、OKしてしまう「一貫性の原理」がはたらいてしまうからなのでした。

どんなに小さな注文金額でも、それに応じれば、「得意先」という関係が築けます。

利便性にしびれたお客は、次回からも、今度は多めに注文してくれ、やがて常連客になっていくでしょう。小さな注文をないがしろにせず、お客との関係性を1回でも作れば、太いお客へと育てられるキッカケになるわけです。突破口は小さくても構わないのです。

テクニック
089

「失敗」から早く立ち直る

「やっちまったー。錯誤行為だ、仕方ない!」

人は失敗する動物です。ちょっとしたミスを犯してしまいます。精神分析学の創始者フロイトは、こうした何気ない間違いの多くが無意識によって引き起こされる——と考えました。実際、フロイトが「**錯誤行為**」と呼んだ「いい違い」「書き違い」「読み違い」「聞き違い」「置き忘れ」「ある瞬間の度忘れ」などは、無意識との関連がかなり疑われます。

結婚式のスピーチで、「**この度はまことにご愁傷様で……あっ……**（汗）」と口走ったり、「**新婦の久美子さんは学生時代に、尻軽……じゃなかった、ええと……チ…、チアガール部に属し……**（汗）」などと、いい違えてしまった——という例があります。

議会の冒頭で議長が、「**これにて閉会します**」とやった例や、上司に声をかける際、「鎌谷部長」と呼ぶべきところを「**バカタニ部長**」と叫んでしまった例もあります。

まさしく、「やっちまったなー」という危うい瞬間ばかりなのです。

こんな大事な場面でよりによって、というい違いは周りの人も驚きますが、一番おののき、慌てて青くなるのは、いい違えた本人でしょう。

フロイトによれば、「過度に疲れている時」「感情が高ぶっている時」「他に注意が向いている時」「体調が悪い時」などに起こりやすいといいますが、潜在意識に潜む願望や本音が飛び出した――と思われがちですから、「緊張しすぎて誠に申し訳ありません」と謝っても、周囲の白い目は消えないでしょう。


したがって、こんなドエライ失敗をやらかすと羞恥《しゅうち》の思いを引きずります。トラウマとなり、似たような場面でまた同じ失敗をするのではないか――と恐怖の虜《とりこ》になるのです。

これを「**ハウリング効果**」といいます。ハウリングとは、マイクがスピーカーの音を拾いキーンと鳴り響く現象です。失敗後にくよくよ悩むだけだと、この状況から逃れられないのです。失敗した時点で、「錯誤行為」だったと認識し、教訓を得たら忘れることです。

その後、同じような場面でも、落ち着いて「錯誤行為」を起こさないよう環境と体調を整えれば、二度と同じような失敗を犯すことなく冷静に振る舞えるからなのです。

テクニック
090

「もったいない」をつけて相手を喜ばせる

「こういうことでどうかな？」

誰かを喜ばせたい――と思った時には、最初に一度そのチャンスがなくなったと思わせ、あとからその話が復活したことにすると、相手の喜びが倍加します。

男「きみの誕生日にプレゼントしようと思い、買っておいたティファニーのペンダントを昨日落としちゃって……、昨日の夜はもう眠れなかったよ……」

女「えっ？　そうなんだ……！　アタシのために買ってくれてたの……。そう……（落胆）」

男「実はこれがそうなんだけどね、落としたのは勘違いで机の中に大事にしまってた」

女「わッ！（嬉）、これがそうなの？　素敵！　よかった……！　嬉しいッ！　ありがとう！」

一度消えてなくなったものが、復活して現われると、喜びが感動に変わるのです。

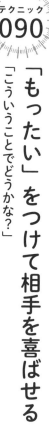

これが**「ロストゲイン効果」**と呼ばれる現象です。ショッキングなエピソードを最初に語ることで注目度を上げ、いったん落胆させることで再出現のインパクトが高まります。

「これはティファニーで売っているペンダントの中で、ああだこうだ……」などと、もったいをつけるよりも、はるかに希少価値効果が上がります。ぜひ、お試しください。

「きみと付き合うのはもうやめる。だから、ぼくと今すぐ結婚してくれ！」

こんなプロポーズのセリフだと一瞬ドキッとし、涙を流して喜んでくれるかもです。

テクニック 091

相手の優越的立場を牽制《けんせい》する

「どういう意味でしょう?」

交渉の過程で、相手が優越的立場にあることをチラつかせ、こちらに譲歩を迫ろうとする場面はよくあります。

こんな時には、言いなりにならないよう、早目に手を打ち体勢を立て直しておかないといけません。押されっぱなしになっていると、要求を呑まされかねないからです。

先方「おたくとの取引では、うちもずいぶん便宜を図らせてもらってますよね。ここはひとつうちの要求に従ってくれてもいいんじゃないですか?」

当方「あの、便宜を図らせてもらったって……、それ、どういう意味でしょうか?」

先方「えっ?　いや、ホラ……その……長い付き合いの中で………(汗)」

当方「あのう、お付き合いでは、何事もお互いさまって精神が大切なんじゃないですか」

相手の前置きのセリフに恩着せがましい響きを感じたら、ただちに、そこでひるまず問い返すことが大事です。たいていの人は、事を荒立てないように、と思うせいか、ここで相手の言い分を聞き流してしまいます。それで押し切られるのです。

「え？　それはどういう？」「どういうことでしょうか？」ととっさの質問が有効です。

人は、質問されると、反射的に「答えなければ」と無意識に反応してしまうことは、すでにお伝えしました（156頁）。相手から「ウソではないか？」と疑われ、問い質されてピンチに陥ったら、逆質問で時間を稼ぎ、とっさの言い訳を考える時間も作れるわけです。

窮地に陥った時や、相手の攻勢を跳ね返し、手っ取り早く主導権を握り返したい時に、こうした質問のセリフは威力を発揮するのです。

「なぜ、そう思うのですか？」「それはどういう意味ですか？」「何でですか？」

こうした問い質すセリフを、すぐにも発射できるよう武器として携行しておくことです。

テクニック
092

絶対に当たる「占い師」になる

「大丈夫うまくいくよ。ただし慎重にね！」

プロの占い師は、他人の運命をすべて見通せるかのように振る舞います。

そこには「**バーナム効果**（**フォアラー効果ともいう**）」という技法が用いられます。

最初に行うのは、お客から生年月日、氏名、生まれた場所などを聞いたり、お客の目の前で水晶玉に手をかざしたり、シャッフルしたカードをめくっていく――といった独特の儀式でしょう。これは目の前にいるお客にだけ占いを集中している――という演出です。

それからおもむろに、誰にでも当てはまりそうなことを告げ、お客の反応を窺うのです。

気の弱そうな人には「あなたは他人の目をことさら気にするところがありますね」

朗らかそうな人には「明るく振る舞っていても、時々心がとてもさみしく孤独ですね」

真面目そうな人には「時々一人で重荷を背負っている、などと感じてしまいますね」

相手が「え？　わかりますか…。実は、転職しようかどうかで迷ってて」などと反応してくれればしめたものです。「人間関係のお悩みですね」などと応じればよいだけです。

人の悩みは、「人間関係」「お金」「病気」ぐらいしかありませんから、どの辺にあるかを少しずつ反応を見ながら探るだけでよく、そこから適当なアドバイスをしていきます。

ふだん接触のない赤の他人だけに、厳かな態度で言葉を選ぶほどに信憑性も増すのです。

こういう段取りや仕掛けを呑み込んでおけば、あなたも立派な占い師役が務まります。

「悩みがあるの？　解決策を占うよ」――こんな言葉で意中の相手に近づき、もっともらしい儀式のあと、見当をつけ、「人間関係の悩みだね」などといえば、たいてい当たります。

プロの占い師は、「このままいくと苦しい事態になりますよ」などと、ひたすら脅かして不安を煽り、「ではどうしたら？」という展開に持っていったりしますが、素人占いだったら、「ハッピー予言」を展開してあげたほうが、信頼度も高まっていくでしょう。

「大丈夫、きみの考えるそのセンでうまくいく。ただし慎重にね」とだけ伝えると、どう転んでも占いは結果的に当たったことになるからです。こうして思い通りに操りましょう。

テクニック
093

たった一言で相手のペースを乱す
「それってクセですか？」

滔々《とうとう》と自説を述べて、悦に入っている人を見かけます。

会議の時、商談の時、こういう人の話を聞かされていると、「ウザイ感じ」です。

声の大きな人、自信たっぷりに早口で話す人は、意外にも説得力が高まりますから、こういう人の話に耳を傾けていると、ついつい乗せられてしまうこともあるでしょう。

自分のライバルが調子に乗っている場面だったら、シャクに障る場面でもあるわけです。

こういう人の気勢を殺《そ》いだり、調子を崩すのはカンタンです。

同僚A「いいですか？　だからこそ、私は経験上これが正しいと断言できるわけです」
同僚B「あのう、丸山さんの、『いいですか？』っていうのは『クセ』なんですか、それ？」
同僚A「えっ？　いや、あの……(汗)、な、なんだろ……、え？　き、気になりますか？」
同僚B「うん、すごーく気になるよ」

同僚A「あ、そう………（汗）、……えーと、なんだっけ………な……あれ……」

自分が話してきた内容についてではなく、唐突に自分の話し方の「クセ」を指摘されたのですから驚きます。頭が真っ白になる瞬間なのです。

無意識に行っている自分の「クセ」を、他人から指摘されるとそこに意識が集中します。今まで話していた内容や、話す段取りなどすべてが吹っ飛び、他人が「そこに注視していたのか」ということにショックを受け、恥ずかしさも募ります。

つまり、これ以降ほとんどの人は、話が支離滅裂になって自滅していくのです。

「部長って、時々爪を噛むクセがあるんですね。きゃわいいクセですね」

「時々、ペン回しをされますが、それって子供の頃からのクセですか？」

相手の話が長々続いて退屈な時や、これからプレゼンを先行して行うライバルなどに、ひとこと「クセ」について言及しておくと、相手のペースが勝手に乱れ自滅してくれます。

テクニック094

相手の挑発に乗らずに相手の気勢を殺ぐ

「貧相な目鼻、汚い肌、醜い腹回り」

イヤミな人物、意地悪な人間はどこにでもいます。

自分が気にいらない相手を見ると、「口撃」しないと気がすまない人たちです。

こういう手合いにイヤミや悪口をいわれ、自嘲《じちょう》気味にヘラヘラ笑ってやり過ごそうとしたり、顔を伏せ押し黙ったままの対応は、相手を増長させ、繰り返しにつながります。

だからといって、カッとなり、「何だバカヤローッ！ てめえ、ケンカ売ってんのか、この野郎！」などと反撃するのも一法ですが、「何、興奮してんだよ？ お前バカじゃないの？ 注意してあげただけだろう？」などと、軽くいなされてしまうと業腹です。

そもそも職場で突然怒りを露わに相手に立ち向かう――というのも社会人としてのメンツが傷つきます。短気で器量の小さい人――というレッテルを貼られるのも困るでしょう。

こういう手合いの挑発には乗らないことが一番ですが、耐え忍び何の反応も示さないのもいけないのです。相手に不気味な「恐れ」を感じさせ、近づかせないことが大事です。

無言で睨《にら》み返す――ことが一番よい方法です。ただし、怒りの形相で睨むのではなく、「憐《あわ》れみの表情」で黙ったまま遠目で見やる――ように相手に細目での視線を返すのです。

ゆっくり息をしつつ、肩の力や全身の力を抜きながら、相手の額や口、鼻、耳、髪型、ネクタイ、手、服、靴といったパーツを順番に批判的、分析的、冷静に観察しましょう。「団子鼻、ボサボサ髪、尖り気味のアゴ、太くて短い不器用そうな指、安物の靴…」など、無言で憐れみを込め相手を思いっきり見下します。これでこちらの怒りは消えるはずです。

冷静な分析思考に集中すると感情が抑制され、相手には不気味な印象が刻まれます。

テクニック
095

「暗黙の強化」で相手を丸め込む

「きみはみんなと違うな！」

2人兄弟で、兄ばかりがほめられていると、弟はけなされたように感じる――これが「暗黙の強化」という心理作用です。

朝礼で、特定の従業員一人だけをほめたたえた場合でも、他の従業員は全員がけなされているように感じます。逆も然りで、職場で誰か一人が厳しく叱責されている時、周囲は自分たちがほめられているような気分になります。

人は他人との比較で生きていますから、自分の立場や属性で比較される対象というものをつねに把握し意識しています。ゆえに、比較対象への評価が自分にも影響するわけです。

コントロールしたい人がいたら、これをいろいろにアレンジして使うのも一法です。

部下「ぼくと同期入社の総務部の山下がボヤいてましたけど、あそこの大久保課長は、露骨に部下の依怙贔屓《えこひいき》をするそうです。仕事の負担が不公平だって嘆いてましたね」

上司「ほう、そりゃいかんな……（オレもそうだから、陰口叩かれないよう気をつけよう）」

店員「年明けの社員旅行でグアムに行かれるのですか？　じゃあ、あと3か月ですね。うちのシェイプアップコースで会社の仲間（ライバル女子）に差をつけませんか？」

お客「うん、そうね……（営業の石田くんがアタシのエロスに振り向いてくれるかも……）」

営業「安い製品が出回っていますが、耐久性に目を向けず、価格が安いというだけで選択されるのは本末転倒になりませんか？（うちの製品は価格は高いけど耐久性抜群）」

お客「ふーむ。なるほど、それはそうだね。結局単年度あたりのコストが大事だものね」

男性「会社にチャラチャラした派手な服装で来る女子っていったい何考えてんでしょうね」

女性「さあ、それは……（この人いつもシンプルで地味な服のアタシのこと好きなのかしら）」

ストレートの直球より、時にはカーブやスライダーなど、変化球が相手を翻弄します。

テクニック
096

相手の「クセ」を真似て「好感度」をアップする
「ぶっちゃけ」

相手の「クセ」を指摘することで、相手のペースをグダグダに崩せることはお伝えしました（212頁）。ここでは逆に、相手の「クセ」を自分に取り入れることで、相手からの「好感度」をアップするワザを紹介いたします。

たとえば、上司が「ぶっちゃけ、どんぐらい？」というセリフが口グセになっているとしたら、部下も報告の際に**「ぶっちゃけ、どんぐらいかと申しますと、工期は2か月ギリギリになります」**などと答えるようにすることです。

上司は「ぶっちゃけ」という言葉が気に入っているからこそ、口グセになるほど使っています。それを相手からのセリフとして聞くと、非常に心地よく親近感を覚えるからです。

もちろん、相手の口グセを取り入れる際には、「真似ている」という、わざとらしさを出してはいけません。

あくまで自然に無意識のうちに上司に感化されてこうなっている――という雰囲気が大事です。バカにされてる・おちょくられた――と相手に感じさせれば逆効果だからです。

機嫌のいい時に、「フンフンフン♪」などと、鼻を鳴らすクセのある人がいたら、あなたも近くで何かいいことがあった時に「フンフンフン♪」と鼻を鳴らします。

相手が思わず、「何かいいことでもあったの？」と聞いてきたら、オンの字でしょう。

確実に、相手の無意識はあなたを「同類」と感知してくれているからです。

意中の相手を観察していれば、必ず何かの「クセ」を発見できるものです。

それを、自然な形で自分にも取り込んでいると、相手から「好意」が得られるという、オトクな心理効果といえるのです。

『どくとるマンボウ航海記』で著名な作家の北杜夫《きたもりお》氏は、医学部学生時代のエピソードで、ある教授が授業の際、「お小水が…」と連発するのにヒントを得て、テストの答案に「お小水」という言葉を多用したら、高得点の評価が得られたことを紹介しています。

テクニック
097

相手に「優越感」を抱かせる
「うちはただの中小企業にすぎませんが」

人から大真面目にほめられると、「でへへー」という快感から、麻酔を打たれたように陶酔してしまいます。承認欲求が満たされるので本能が喜びにうち震えるのです。

しかし、ほめられて「いい気分」になっていてはいけません。

たいていの人は、デレデレになりながらも、「いや、そんなことありませんってば」などと、いちおう否定しますが、これだとさらに追加のほめ弾を撃ち込まれて、いいようにあしらわれ、無茶な要求を呑まされたりもするでしょう。

ほめられたら、**「それはありがとうございます」「それは恐縮です」**といって、いったん肯定することです。肯定することで、かえって体勢が整うからです。

そこから、ほめ返しを行います。**「そういえば太田さんは○○にお詳しかったですよね」**などと続けることで、攻守を入れ替えるのが「人たらし」のワザといえるのです。

ほめられて「いい気分」になっていると、どこかに驕《おご》りが生じがちです。

「いや、まあ大したことはないんですけどね、でへへ」などとニヤけるのは、「優越感」がくすぐられているからです。

こちらが「優越感」に浸ってしまうのは「コミュニケーション最大の敵」と心得なければいけません。

コミュニケーションの要諦は、相手に「優越感」を抱かせることだからです。

ほめ返しを行い、こちらから相手に向けて「優越感」を抱いてもらうように仕向けなければならないゆえんです。こちらは、つねに謙虚でなければいけません。

「弊社の開発したこの製品は、今までの他社のどの製品より優秀です」といいたい時には、

「弊社は業界の3番手ゆえに、新製品の開発ではつねに他社の後塵《こうじん》を拝しておりました。そこで○○の機能のみに特化開発したところ、従来品を上回る製品を開発できました」と
このように謙遜《けんそん》して話したほうが、相手の胸にスッと入っていくのです。

テクニック 098

出世する男性を見極める
「アドバイスをいただきたいのですが」

職場で男性を判定する際には、その男性が、誰とよく接触しているか——を観察することが、将来の出世度を見分ける鍵になります。

一番出世するのはいうまでもなく、年長者や役職者との接触度合いの高い人です。年長者や役職者と接触して、知識や情報を取り入れるのが好きだったり、経験談を好んで聞くタイプは、年長者や上司から好かれます。あるいは、年長者や役職者に取り入って自分をうまく売り込むタイプも、結果的に上司から好まれるので出世します。

年長者や上司からの覚えがめでたい人が一番出世するわけです。

自分の同期や同年代との交流の多い人、後輩とばかりつるむことの多い人は、反対に最も出世しません。上下左右まんべんなく接触する人のほうが当然出世度も高くなるわけです。また、自分より年下の女性と接触する度合いの高い人は、周囲からの好色な印象がなければ意外にも出世します。柔軟性があるので、年齢が上がるにしたがって上司からの受

※ジジイキラーがどこの世界でも出世する！

けもよくなるからです。補佐的な地位を占められるタイプ――というわけです。

　意外なことですが、仕事をバリバリ行い、優秀な成績を挙げている人は、必ずしも出世するとは限りません。中でも、上司に「脅威」を与えるほど独断専行で実績を挙げる人は、まず出世することはありません。仕事での実績の高い人は、年長者や役職者にとって「カワイイ従順者」でなければならないからです。実績を挙げている人は、年長者や役職者に自分の成績を誇示したがります。自分を認めてもらい、ほめてほしいからですが、これが仇《あだ》になることが多く、尊大さの欠片《かけら》に見て取られ、支持を失うことになりがちなのです。

テクニック
099

不平不満分子を良識派に改造する！

「えーうちの組織は○○なのです！」

不平不満分子はどこにでもいます。

家庭内、町内会、マンション管理組合、学校、ＰＴＡ、職場、議会……と人の集合体があれば、暗黙のルールや掟のようなものが存在しますが、そういうものに縛られたくない――という人は、勝手な認識でいつもブツブツ文句が絶えないでしょう。

大きな水槽の中を右回りで回遊する多くの魚たちの中で、なぜか左回りで回遊する少数の小魚がいるようなもの――ともいえます。きっと、こういう反対回りをする小魚は、大型回遊魚にとっては、目障りな存在に違いないことでしょう。

こういう手合いを、ブツブツ文句をいわない「お利口さん」に改造するのによい方法があります。組織をアピールする存在であるスポークスマンに仕立ててしまうのです。

部下「えっ？　ぼくが営業第2部を代表して、前期の成果報告と今後の目標行動について

全社員ミーティングで発表するのですか？」

上司「うん、きみは日頃から持ち前の観察眼で、いろいろいい提案（不平不満）をしてくれてるだろ。きみの鋭いセンスを活かして、うちの部をアピールしてほしいんだ」

部下「は、はあ……（汗）、しょ、承知しました。発表文をまとめてみます……」

家庭内の不満分子なら、「家族の紹介文をまとめてくれないか。今度会社でちょっとしたファミリー文集を出すことになったから」などと不平不満の多い次男坊に持ちかけます。するとどうなるでしょうか。つねに不満に思っている組織やメンバーについて、自分が代表者としてアピールする側に立つのは、本来自分の心とは相容れないことでしょう。できれば断わるべき立場のはずなのに、引き受けると認知に不協和が生じるのです。

「なんで不満だらけの組織を、オレが擁護しなきゃならないんだ」という心境です。

この状態は不快ですから、徐々に自分の属する組織のよいところを探しはじめ、「まんざら悪くない。結構いい組織だ」と認知を変えて協和させるようになってくるはずです。

組織を代表させられると、誰しも「悪い組織」の代表にはなりたくないからです。

テクニック100

「ギャンブラーの誤謬《ごびゅう》」で説得する

「失敗続きなので、そろそろ逆目が出ます」

次々と企画が当たり、売上に貢献している社員は、社内でも鼻高々で肩で風切る勢いがあります。反対に出す企画が次々失敗している社員は、肩身の狭い思いを味わわされます。成績が悪いと新規の企画もなかなか通らず、よけい身動きが取りづらくなるでしょう。

上司A「向井くんの企画はいいね。これも当たれば、連続7か月プラスの売上記録だぞ」
上司B「うむ。向井くんの目のつけどころは実にシャープだ。この企画も当たりそうだね」
向　井「ありがとうございます。今回かなりコストアップですが、当てる自信があります」
上司A「よし、向井くんの企画はOKだ。次は誰の企画だ？　山田くんか、説明したまえ」
山　田「まず、セグメンテーションは年収450万以上、ターゲティングは男性会社員……」
上司A「おい、コトラー流の面倒な解説はいらないよ。ズバリどれだけの売上を狙うんだ？」
山　田「えーと、従来品の2～3割増を狙っております。特にこれからの市場動向は……」

上司B「きみの企画は6か月連続マイナス売上だ。しばらく研究に専念したらどうだ?」
山　田「えっ、そ、そんな……(汗)。この企画は十分に練った企画でして、自信もあり…」
上司A「うん、そうだな……。山田くんは失敗が続きすぎてるからなあ、少し休めよ、な?」
山　田「ええっ、そんな……殺生な……(汗)。も、もう少し、プレゼンさせてくださいよ!」

これでは当分、企画も出せずに飼い殺しとなり、いずれ他部署に左遷されかねません。

こんな時は「失敗」を逆手に取ることです。連続した「失敗」こそ強調すべきなのです。

「6か月連続の失敗続きです。なので7か月目は必ず成功します。絶対の自信があります」

このように告げると、潮目を変えられる可能性があるからです。

成功や失敗が連続すると、「そろそろ逆の目が出るのでは?」という心理がはたらきます。

確率は2分の1なのにバイアスがかかるのです。カジノのルーレット勝負で、赤の目が連続すると、次は黒の目が出ると思い、多くのお客が黒の目に賭けるようになります。

そこでカジノのディーラーはまたわざと赤の目を出して、ごっそり総取りするのです。

何かが連続すると、反対のバイアスがかかる現象を**「ギャンブラーの誤謬」**といいます。

テクニック
101

「努力逆転の法則」から脱却する

「潜在意識をコントロールする」

人間の脳は、本能を司る「動物脳（大脳古皮質＝潜在意識）」と、知性や理性を司る「人間脳（大脳新皮質＝意識）」とに分かれています。人間だけが他の動物と異なって、この「人間脳」を高度に発達させてきたのです。

喜怒哀楽の感情や、快や不快・苦痛といった本能の営みは「動物脳」のはたらきです。いっぽう、批判・分析・考察などの知性的・理性的な思考の営みは「人間脳」のはたらきです。つまり感情的な人は、動物脳をコントロールするのが下手な人ともいえるのです。

フランスの自己暗示法の創始者エミール・クーエは、**「努力逆転の法則」**として、何かにチャレンジしようとする時、心の奥底（潜在意識）に「無理かもしれない」「できないかもしれない」といったネガティブイメージがあると、意識の力でいくら「頑張ろう」と思っても、ネガティブイメージに引きずられて不可能になる――と説きました。

潜在意識（＝無意識＝本能＝動物脳）は、顕在意識（＝意識＝理性＝人間脳）よりも、はるかに強力で、人間の能力そのものを支配してしまうからです。

ゆえに、心の奥底（潜在意識）のイメージは、つねにポジティブに「必ずできる」という自信に裏打ちされていなければならない——ということを唱えました。

地上に置いた60センチ幅の足場板の上なら、誰でもスイスイ歩けますが、この足場板を空中高くに渡すと、理屈では渡れると思っても、「もし踏み外したら」という潜在意識のイメージが強すぎて、恐ろしくて一歩も踏み出すことさえできなくなるでしょう。

これが、「努力逆転の法則」の意味するところです。意識的に努力しても、心の深奥（潜在意識＝動物脳）に信念と自信がみなぎっていないと、できることもできなくなるのです。

ところで、潜在意識のイメージに影響を与えられる唯一の方法は、意識的に作り出すイメージだといわれます。「うまくいくプロセス」とそれが達成できたという「快」のイメージを緻密に描きだすと潜在意識に届き、潜在意識の記憶（イメージ）に定着するからです。

エピローグ

「影響力」という武器を人生に活かし続けていただくために！

あなたの影響力を「武器」にする心理テクニックをお届けいたしました。

「なるほど」とご納得いただけるスキルを厳選してお届けしたつもりですが、最後にぜひともお伝えしたかったのが、１０１番目の「努力逆転の法則」でした。

これを理解し、実践していただくことが、これまで見ていただいた説得テクニックを、生涯にわたって効果的に活用していただける要諦《ようてい》――と思うからに他なりません。

何かの行動を起こす前には、つねにポジティブイメージを頭の中に緻密《ちみつ》に鮮明に描き、達成した喜びのシーンまでを含めて、心の中に何度も繰り返し刻んでいただきたいのです。

オリンピック選手が、本番の試合前に、練習で成功した体験イメージを何度も頭の中で反復する――というイメージトレーニングを、あなたにも取り入れてほしいのです。

「できる」というポジティブイメージの刷り込みが、あなたの人生を成功に導くからです。

あなたの人生に栄光あれ――と心から祈っています。

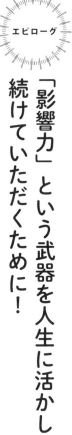

〈著者プロフィール〉
神岡真司（かみおか・しんじ）
ビジネス心理研究家。日本心理パワー研究所主宰。法人対象のモチベーションセミナー等で活躍中。
小社刊行『思い通りに人をあやつる101の心理テクニック』『面白いほど雑談が弾む101の会話テクニック』の「101シリーズ」の２冊が続々と版を重ねて累計16万部を突破。ほかに『相手を自在に操るブラック心理術』『必ず黙らせる「クレーム」切り返し術』『頭のいい人が使うモノの言い方・話し方』（日本文芸社）、『賢く人を操れる「ブラック」会話術』（三笠書房）、『99％の人が動く！「伝え方」で困らない心理テクニック』（大和書房）、『「気がきく人」と思わせる103の心理誘導テクニック』（角川学芸出版）、『クレーム・パワハラ・理不尽な要求を必ず黙らせる切り返し話術55の鉄則』『「いい人」ほど切り捨てられるこの時代！「頼りになる人」に変わる心理テクニック50の鉄則』『職場の弱者につけ込む意地悪な命令・要求を賢く断る　生き残り話術55の鉄則』（TAC出版）など著書多数。

■メールアドレス：kamiokashinzi0225@yahoo.co.jp

あなたの「影響力」が武器となる101の心理テクニック

2015年11月13日　　初版発行

著　者　神岡真司
発行者　太田　宏
発行所　フォレスト出版株式会社
〒162-0824 東京都新宿区揚場町2-18　白宝ビル5F
電話　03-5229-5750（営業）
03-5229-5757（編集）
URL　http://www.forestpub.co.jp

印刷・製本　中央精版印刷株式会社

ISBN978-4-89451-962-6　Printed in Japan